親和的感性に拠る知と相生

親和的感性に拠る知と相生

— 愛と醜悪の間《あわい》にて —

宮本久雄 著

知泉書館

目次

④ グレゴリウス一世（五四〇―六〇四）……四八
⑤『ソロモンの頌歌』（二世紀前半）……五〇
⑥ ギヨーム（サン・ティエリの）（一〇八五―一一四八）……五二
⑦ ベルナール（クレルヴォーの）（一〇九〇頃―一一五三）……五五
⑧ ヘルフタのゲルトルート（一二五六―一三〇一／〇二）……五八
⑨ 十字架の聖ヨハネ（一五四二―九一）……六〇
⑩ ギュイヨン夫人（一六四八―一七一七）……六五
⑪ ジュリア・クリステヴァ（一九四一―）……六七
まとめとひらき 一……六九
第二章 旧約聖書が語る美・愛と醜悪の実相……八〇
第1節 創世記……八〇
① 一章1節～二章3節……八一
② 蛇の言語用法……八七
③ 女の情欲……八八

目　次

目　次

親和的感性に拠る知と相生

——愛と醜悪の間《あわい》にて——

はじめに

主題は、「親和的感性に拠る知と相生」である。親和的感性には「美学」（Ästhetik）の意味がこめられている。[1] この主題は、総括すると愛の親和性のエヒイェ的働きおよび時熟（カイロス）とそれによる親和的感性の成立を通して相生の地平を拓く営みを意味する。[2] ただしそれは勿論平穏無事な太平楽な日常世界の中でなされる営みではなく、小は各人、各グループの愛の受難や利己心がもたらす葛藤における営為であり、さらに大は愛と醜悪にみちる歴史と現実世界においての営為である。副題がそのことを表している。また如上に「カイロス」[3]「エヒイェ」[4]の表現をあえて用いたのは、その時々のかけがえのない出会いによる実体化の脱在・変容・展開を表明するためである。

本論においてはこの主題と副題を、次のような順序と構成を通して考察してゆきたい。一章、親和的認識において、二章、旧約聖書の世界において、三章、新約聖書の世界において、四章、古典ギリシア世界から近代を通し現代に至るまでの思想史や歴史的変遷において大略考察する。

最後の「むすびとひらき」において愛の親和的感性とその認識の根拠としてのエヒイェの体現者。キリストの生き方にふれたい。

註

（1）「美学」を最初に構想したA・G・バウムガルテンの著『美学』（*Aesthetica*）とその後一般的用法となったドイツ語 **Ästhetik** を主題表現に借用した。

（2）「相生」は並立的な共存を示唆する「共生」とは異なり、「相生かし相生かされ相生く」という極めて親和的な協働を意味する。

（3）カイロスは歴史や個人史を決定的に転換する出会いの唯一的時を意味する。これと対をなしてよく用いられるクロノスは、暦や時計の時間が表すような定量的で線状的な時間を意味する。

（4）エヒイェの詳細については、後述する。さしあたって言えることは、エヒイェは「出エジプト記」三・14の神名（エヒイェ・アシェル・エヒイェ）で啓示され、ヘブライ文法では一人称未完了形の存在動詞である。しかし、存在といってもギリシア哲学のオンと異なって、実体化を破って弱き他者と共生する動態を示す。その動態は「出エジプト記」のヤハウェ神の八面六臂《はちめんろっぴ》的働きに示される。というのは、エヒイェとヤハウェは品詞上異なるが実は一心同体だからである（「出エジプト記」三・14―15）。だからわれわれは、エヒイェをオン存在を脱自する意味で「脱在」と訳す。

第一章　親和的愛の認識から始める

親和的認識（cognitio per connaturalitatem）[1]という言葉自体はトマス・アクィナスから取られた表現であるが、一口にいえば愛に拠って本性を共にし互いに認識し合うことを意味する。われわれはその点をかい間見るために、古代、中世、近代の代表的三者（アウグスティヌス、トマス・アクィナス、J・マリタン）および本邦の芭蕉の親和的認識論を考察しよう。彼らは旅人であり、巡礼者でもあったので、巡礼の意義についてもふれてみたい。まず愛と美を苦悩のうちに生きた先駆者アウグスティヌスを取り上げたい。彼はどのように愛と美を醜悪と苦悩のうちに生き旅したのであろうか。

第1節　アウグスティヌス（三五四―四三〇）

回心以前のアウグスティヌスは、二六、七歳頃に『美と適合（decus）』という処女作を書いた。その中で美を「形相」として輝く全体的美と部分が全体に調和する「適合」の美とに分類し、人はそのいずれの美をも愛すると述べている。この処女作は今は喪われてしまっている。この当時のアウグスティヌスは善（光）悪（闇）二元論を説くグノーシス主義・マニ教に熱中し悪・闇から光への脱出を一途に目指しており、彼の『美と適合』という美学は、光に自己陶酔して他者を顧みない観念的感性論という外にはなく、その意味で真なる神へと彼を回心に導くインパクトをもたなかった。

彼はその後醜悪と苦悩の人生を辿り、ミラノでようやく師アンブロシウスの導きによって聖書の象徴的解釈を学んだ(2)（『告白』第六巻第四章六）(3)。そしてプラトン派の書物をラテン語訳し、キリスト教に回心したウィクトリヌスの翻訳によってプロティノス著『エンネアデス』(4)中の数篇を読み、聖書と新プラトン哲学の比較研究に没入した。その結果彼が知りえたことはおおよそ次のことであった。すなわち両者は御言のような絶対的な神の存在については合意していること、しかし神の御言が「ご自身をむなしくされ、しもべの形をとり、人間に似た者となり、……十字架の死に至るまで（御父に）従いたもうた」（「フィリピ人への手紙」二・6）という受肉とそれを通して人間の罪が赦され救われることについて新プラトン主義には何らの言及も思想もないことが見出されたのである（七・九・13—14）。

このようにして聖書の言葉は彼のはらわた（欲望の座）にしみこみつつ浄めをもたらし（七・二一・27）、それと共に御言イエスは彼の心（cor）の我意を破ってそこに住んだ。[5] その時彼に回心が起こるのであるが、その心境を次のように歌い上げている。「古くて新しき美よ、おそかりしかな、御身を愛することのあまりにおそかりし。……御身に造られしみめよきものにいざなわれ、堕ちつつわが姿醜くなれり。御身はわれとともにいたまいし」（一〇・二七・38）。

それではこの回心の時、彼が御身と呼んだ「古くて新しい美」である方、御言はどのように彼に到来したのか。その到来の仕方を表すのが、「霊的感覚」（sensus spiritualis）[6] に外ならない。彼は「美」への賛歌の中で、愛する美の到来は、まず声として彼の閉じた聴覚に響きわたり、次に光となって彼の盲目の闇をはらい、よき香りとしてよき味として彼の嗅覚と味覚を襲い、最後に彼の触覚にふれて到来したと語っている。この美の到来を受容したのは、いわゆる身体的感覚だけでも、彼の霊的精神だけでもなく、いわば身体と精神とが同時に一つになって受容した意味で「霊的感覚」によるというわけである。

この回心の時を想起し、霊的感覚論をさらに深めつつアウグスティヌスは「あなたを愛するとき、何を愛しているのか」と問い、霊的な五感によって「一種の光、一種の声、一種の香気、一種の食物、一種の抱擁を愛している」と述べる（一・六・8）。そしてこうした到来の主に向けてアウグスティヌスは「あなたを愛した」（amavi te）と告白する。この「あなた」（te）は観念的絶対者であるはずもなく、知性と意志を以て関わるペルソナ的存在である。従ってアウグスティヌスは、このペルソナである御言イエスと愛の出会いに入って彼を知ったわけである。この知るは、ヘブライ旧約の伝統でいう親和的な知「ヤーダ」に外ならない(7)。

彼はその後『告白』（*Confessiones*）を著し、「Confessiones」表現の根をなす中動態動詞（deponentia）である confiteri が意味する改悔、感謝、讃美、告白を縦横無尽に用いて御言イエスとの親和的ヤーダ的生を示し、今日の読者に御言との相生的地平を抜きそこに誘い続けている。彼は以上の意味で自らが「告白者」という人間像を作像し、それと共に愛と美の範型「告白者」に与るようわれわれを招いているのである。

次にこのアウグスティヌスを先駆としてすえて、その神学の構築に親和的認識論を神学的核心として構想し、自らも神との親和に生きたトマス・アクィナスにふれていこう。

第2節　トマス・アクィナス（一二二五頃―七四）

親和性と訳されたラテン語 connaturalitas は文字通り本性（natura）を共にする（con）相互関係を意味しよう。例えば人間相互ならば心と心を深く通わせるとか、人間と自然なら人間が自然から自分の生命を養う糧を得、そのため自然を収奪せずに豊かに育てるとか、人間と神仏の間であれば、人間は神仏の心（慈悲とか、キリストの仕えの在り方など）に感動してそこに参与し、逆に神仏は人間に恩恵を与えて向上させるとか、様々な親和的関係の事例が考えられよう。

上述の事例において重要な点は、人が他者を信頼するに足る者と判断して親しくなるとか、自然をよしとして判断してはぐくむとか、かくかくの神仏を善しと識別して選び信仰するとかの場合、他者からの恵みの働きに人間の知的考量、つまり判断が関与するということである。

トマスによれば判断は二様にいわれる。その一つは「理性の完全な使用」によるもので二つ目が「親和性」によるものとされる。その例としてトマスは貞潔（castitas）の徳をあげる。貞潔については、それが何であるかと理性の探究を通して判断しうる。これは倫理的な知識・学知（scientia moralis）の領域に属する。これに対して貞潔の徳を身につけ日常生活でこの徳によって自然に生きている人は、貞潔とのある親和性に拠っておのずから貞潔について親和的にそれと知り判断でき実践・実行できるという。

トマスはこの倫理的親和性からさらに百尺竿頭一歩を進んで、彼の神学の核心にある神的事物に関わる親和的認識に考察の触手を伸ばす。

その認識は聖霊の賜物論（dona spiritus sancti）として展開される。それはどういうことか。

聖霊の賜物は七つの賜物として旧約『イザヤ書』一一章の冒頭にあげられている。すなわち、エッサイの切株から一つの枝が出てその上に主の霊が留まる。その霊は「知恵と悟り（sapientia et intellectus）の霊」「思慮と勇気（consilium et fortitude）の霊」「知識と敬虔（scientia et pietas）の霊」そして「主を畏れる（timor Domini）霊」の七つの霊である（以上、ウルガタ訳による）。

トマスはこの霊のうち知恵を最上の賜物としてとり上げる。なぜなら、最高の原因を考察すること、それによって他のものごとを判断し、すべてのものごとをそこに秩序づける働きが知恵に拠るからである。ところで、その場合最高の原因は二様に解されるという。すなわち、端的に最高の原因か、あるいは何らかの領域において最高の原因である場合である。例えば医術領域において最高の原因を知り、それによって医術領域に属するものごとを判断し秩序づけうる人は、医者として知恵ある人といわれる。これに対して、端的に最高の原因を知る人は、神的な最高の諸規準に基づいてすべてを判断し万事を秩序づけうるので、端的に知恵ある人と呼ばれるのである。ところでパウロは神の知恵が聖霊によってわれわれに啓示されると断った上で（「一コリント」二・10）「霊の人（ho pneumatikos）はすべてを（ta panta）判断する」（「同」二・15）と断言している。その断言から、神的なことなどすべてを判断できる知恵は聖霊による賜物であることが知られるのである。

それではこの聖霊の賜物である知恵の判断の正しさはどこに由来するのかが問われる。

トマスはここで愛によって神的なことがらとその本源である神との一致、すなわち親和性（connaturalitas）が生じ、この親和性に基づいて神的ことがらを洞察し語る時のみ知恵の判断が正しいと知られると言う。このような神とのヤーダ関連に基づく知こそ、トマス神学にあって理性の完全な使用に拠る形而上学的神学よりも、一層深く神的な事がらに浸透し神学的洞察をもたらす霊機となるといえよう。

他方でトマスは、この神との親和に基づく真理認識を破綻させる高慢（superbia）について述べている(8)。すなわち、真理認識は二様にいわれる。一つは、純粋に思弁的なもの（pure speculativa）である。まず高慢は神に従って認識しようとしないので、間接的に真理認識を妨げる。また謙遜に他者から学ぼうとしないので、やはり間接的に他者からの教えを受け、真理を認識しようとしない。

二つ目は、親和性に拠る真理認識（cognitio veritatis affectiva）である。高慢な人は、自分が他のものより卓越していることを喜びとするので、卓越した真理を喜ばない。従って真理を把握しても、その真理認識の甘美さを喜びもしないし、その内容の素晴らしさを味わうこともしない。つまり真理に全く親和性をもたないのである。

ところで悪魔（ルチフェール）[9]が神よりも自らを全能にして卓越だとみなす存在であるとすれば、高慢は正しく悪魔的性格を帯びるといえよう。

われわれは次にJ・マリタンをとり上げ、親和的認識が芸術や神秘体験の領野で働く働きとその風光について窺ってみたい。

第3節　ジャック・マリタン（一八八二―一九七三）

1　われわれはまずマリタン（Maritain, Jacques）の芸術論、詩論[10]における親和的認識の働きに注目しよう。彼は二〇世紀初頭のフランス文化の一翼を担ったカトリック思想家で、妻のライサ・マリタン著『大いなる友情』がそれを示している。

マリタンは、ヨアンネス・ア・サンクト・トマの親和的認識の核心をつく表現、（amor transit in conditionem objecti, love passes on to the sphere of the intentional means of objective grasping〈マリタン訳〉、「すなわち愛は対象認識を成立さす条件となる」〈私訳〉）をとり上げ、詩的芸術的直観を説明する。それによると愛、情動（emotion）は、魂を魅了する現実（美しく生命に満ち感性にあふれ迫ってくるような美）を主体の、つまり知性の霊的精神的無意識（spiritual unconscious of the intellect）の奥底に運びもたらす。その深みにおいては魂を魅了した現実と知性・魂とが愛を通して親和的関わりを形成する。知性は無意識にあって非概念的にこの現実的対象によって規定される。つまり概念を超えた直観において親和的対象によって規定され、そこに詩的直観が成立するというのである。このように愛・情動が無意識的知性に対象を親和化させ、その親和的対象に関わる詩的芸術的認識をもたらす条件として働く(11)。

2　次にマリタンの親和的認識論がどのように神秘体験や神秘家において働くのかを、彼の『認識の諸段階』(12)を参照しつつ考究したい。

この書の結論直前の第八章において彼は「観想の実践者」として十字架の聖ヨハネとその観想的神秘体験を解釈し論述している。

聖ヨハネはトマス・アクィナスの神学に拠っているが、それによると神愛がわれわれのうちで増大するにつれ、われわれを神の内へと変容させ、この霊的変容は認識に影響を与えるに至る。その時聖霊は、神への愛による魂の変容、つまり魂と神との超自然的親和性を用いて、それを神に関わる甘美で洞察に富んだ認識の手段とする。この甘美な知こそ、神秘神学であり、霊的な人々が観想と呼ぶものなのである。[13] ところでわれわれと神とを最初に根源的に結ぶ神的徳は信仰である。しかもこの信仰は信仰箇条をそのまま復唱するような形式的信仰ではなく、「愛によって生かされた信仰」(「ガラテヤ」五・6)、聖霊の賜物によって示される信仰であって、この信仰が神との一致へ向かう神秘体験の起動的原理なのである。十字架のヨハネはこの点を強調して止まない。この信仰に基づく観想はまた「闇夜」として象徴される。なぜなら、信仰と愛を通して神的なことがらを蒙る(patir divina)ためには、自分が有つあらゆる事物や神学を含めたあらゆる思想概念を放棄し、最後に自我をも放棄する意味での何も見えない「闇夜」に到らねばならないからである。この闇夜が象徴するヨハネの霊的境地が「無」(nada)に外ならない。[14]

マリタンの親和論に続いてわれわれは、先述の通り、芭蕉の親和的俳諧の道行きと巡礼にふれてみたい。

第4節　松尾芭蕉（一六四四―一六九四）

人間は旅人（Homo Viator）であるといわれる。その人間は「漂泊の風」に吹かれて何処に旅立つのであろうか。当て所のない旅というものもあり、名所旧跡を訪れる旅というものもあり様々であるが、Homo Viatorという言葉には、人が困難や絶望をかい潜って、日常を超え包む生や心の真実相に落在できる、あるいは落在できずとも、そこに向けて歩みうるという希望の意味合いが秘められていまいか。実に、棲み狎れた日常にいては、最早生の真実相は拓かれない以上、そこから脱在して旅立つのである。

本邦において如上の旅を生きた典型的な人には、西行や芭蕉などが挙げられるであろう。

俳人芭蕉が家を捨て、身を捨て、全くの一人旅を生きたのも、俳諧を通して生の真実相に落在するという、狂気にも似た、それでいて寂滅にも似た旅の心、そして霊機の呼びかけに息吹かれたからであったろう。そこには道連れの御同行さえ伴わない孤独な五十年の歩みがある。それは果てしない一本の道である。

此道や行人なしに秋の暮

此道には天地の運命的悲劇的相が拓ける。とある秋の日、芭蕉が富士川のほとりを通りかかると三歳ばかりの捨子が哀しげに泣いていた。父も母も断腸の思いでやむにやまれぬ事情に迫られてこの子を捨て、その露命を天に任せたのであろう。芭蕉は懐《ふところ》から食べ物を投げ「汝の性《さが》のつたなきを泣け」と過ぎ去る。

古来猿の声は哀切の極みといわれたが、芭蕉はこの捨子の泣き声を猿声よりはるかに哀切として吟じた。

猿を聞人《きくひと》捨子に秋の風いかに

この天の下、旅人芭蕉と捨子とは同じ運命を生きる。芭蕉もいずれ野ざらし（どくろ）になる身かもしれないからだ。捨子に象徴される絶望的な運命と非力な芭蕉をつないだ縁はこの一句なのである。彼の生の実相は、このような絶望とそれを言葉にとどめ脱却しようとする俳諧に裏打ちされている。

野ざらしを心に風のしむ身哉
病雁《やむかり》の夜さむに落《おち》て旅ね哉

生老病死は世の常のならい。芭蕉がその身で生き洞察した生の真実相である。彼は今「堅田にふしなやみて」いる。病む雁のように落ちて。そうした暗夜行路にあってほのかに闇をおしひろげ，一歩先を導くような現出に出会う。熱田での出来事である。

海くれて鴨のこゑほのかに白し

昏れてゆく海上の闇を裂くように鴨の声が突如鳴りわたる。その声は果てしない闇のヴェールを上げて、未来の仄白《ほのじろ》い光を呼び込んでくる。その仄白さとは一体何なのであろうか。

大津に出る道、山路をこえて。

山路来て何やらゆかしすみれ草

山路にてふとゆかしく咲くすみれ草。芭蕉は、天地自然がこの一本の開花にその全エネルギーを収斂させていることの真実相に開眼したともいえる。言いかえれば、一人の人の微笑、鴨の声の白さ、捨子の露命など一つひとつのことは、天地を主宰するいわば神の指の現出・「根源的生命の発露」に外ならない。だから俳諧とは「物のみえたる光。いまだ心にきえざる中にいひとむべし」（服部土芳「三冊子」）を精髄とする道なのである。

一月早朝の底冷えする山路でのこと。

むめ（梅）がか（香）にのつと日の出る山路かな

のつと（突如として）芭蕉は日輪の輝き（もののみえたる光）に出会う。しかもその輝きは梅の香の只中に輝くのである。ここで芭蕉と日の出と梅の香を出会わせた機縁とはどのようなことか。それはいわゆる現象的天地自然をも活かす自然大生命のエネルギー・活作用に外なるまい。

しかし芭蕉は煩悶する。他方で俳諧を身に背負い行くかのように旅にあけ暮れ、病中の夢の中でも目的も故郷もなく俳諧の旅を続ける自分の旅は妄想にしか過ぎないのではなかろうか。道の辺《べ》にゆかしく咲くあのすみれとは全く縁もゆかりもないのではなかろうか、と。

病中吟
旅に病《や》んで夢は枯野をかけ廻《めぐ》る（元禄七年十月八日作）

右の句は芭蕉の辞世の句ともとられるのである。しかし、この荒涼たる枯野を旅する芭蕉の身は、突然にかのエ不ルギーの光芒を放った。すなわち、彼は翌九日死の直前に弟子の去来に次の句「清滝や」を示した。死に至るまで俳諧と格闘した妄執とも思える芭蕉がそこに現出する。その芭蕉とは？

清滝や波にちり込《こ》む青松葉

芭蕉とは、滝しぶきに青く輝き散る松葉に外なるまい。その青松葉には如上の全自然のエネルギーが収斂し輝き出る。それはいわば永遠の青松葉である。

このように人生の真実相は、芭蕉にあっては、荒野を巡る妄執の俳人として、同時にそこに自然の理・エネルギーが現出する青松葉として究明され体現されているといえよう。その旅人芭蕉の究明・体現の歩みを、日本語の「希望」という言葉にもり切れるものではない。しかし「ホモ・ウィアトール――旅する人間」は、人生の真実相に向けていわゆる希望を超えた希望に生きる姿を秘めているといえよう。

われわれはこの旅する人間を今度は旧約的祖父アブラハムのうちに認めることができる。ヘブライ人への手紙には、このアブラハムの信と希望の旅が次のように記されている（十一・8―16）。「信仰によって、アブラハムは、自分が財産として受け継ぐことになる土地に出て行くように召し出されると、これに服従し、行き先も知らずに出発したのです。……この人たちは皆、……約束されたものを手に入れませんでしたが、はるかにそれを見て喜びの声をあげ、自分たちが地上ではよそ者・異邦人（xenoi）、仮住まいの者であることを公に言い表したのです。このように言う人たちは、自分が故郷を探し求めていることを明らかに表しているのです。もし出て来た土地のことを思っていたのなら、戻るのに良い機会もあったかもしれません。ところが実際は、彼らは更にまさった故郷……を熱望していたのです」と。実に信と希望が深い不連続の連続の関係にあることをこの手紙も語っている（十一・1）。「信とは人が希望していることをすでに得ている一つの仕方（ヒュポスタシス）である」と。

このように旅人に共通するのは、旅立った地上の故郷に最早回帰することなく、生の真実相、この世ならぬ存在の玄郷に落在する希望を担っていることであり、その希望は自分勝手なプロジェクトではなく、何かに誰かに呼ばれるようにして風に息吹かれた機縁を持つのであり、その道行は絶望とすさびを歩み通る荊棘の道行だということである。

以上の旅人観をふまえ、われわれはここで旅の宗教的形態ともいえる巡礼の意義についていささか触れてみたい。その典型としてサンティアゴ・デ・コンポステラへの巡礼をとりあげる。毎年七月二十五日（金）は、教会暦では聖ヤコブ使徒の殉教記念日である。そして周知のようにイエスの弟子であり、ヨハネの兄であるヤコブは、スペインで殉教者聖ヤコブ（サンティアゴ）として、十一世紀以降、彼を記念する大聖堂が巡礼地（サンテイアゴ・デ・コンポステラ）とされ、ローマやエルサレムと同様に大勢の巡礼者を呼び寄せた。筆者子はそのサンティアゴに因んで巡礼と希望との関わりに思いを潜めたい。

上述したように、人は日常生活の時空間に生きている。その時間は過去から現在を通って未来に向かう線状的な時間であり、その時間は暦や時計で計り予測しうる時間である。その時間の中で人は過去のしがらみに絡まれながら、未来のプロジェクトを立て、時間を用いたつもりになって一層豊かな物質的生活や人間関係を形成する。現代人は手帳を手に、その日付に予定を次々と書き込み、せわしい時間的リズムに追われて生きている。誰でも身に覚えのあることであろう。そうした時間の流れで生きる生活空間は、至極平板一様、水平的な世界であるといえよう。そこに人は喜怒哀楽を以って棲み狎れ、生老病死の定めに生きる。そうした時空は、この「私」つまり小我をめぐって展開する。結局、それはゆるやかな自己中心的時空世界なのである。そこに語られる希望・望みも自己中心的刻印を負うてやがて、閉塞し破綻に了《おわ》ってしまう。このような自己閉塞から脱して何か新しい世界や生き方に出会うために、人間文化にあって祝祭や芸術による自己超出・脱在（エヒイィ）が提供されている。巡礼もその一役を担うといえよう。サンティアゴ・デ・コンポステラの巡礼にあって、目的地まで旅人は、いくつかのコースを辿り、そこで諸々の教会を訪れ、聖人たちと出会い親和し、贖罪を行ない祈りを深め脱在を生きる。

そうした一歩一歩の歩みにあって日常的時空も、少しずつ変容してゆく。つまり巡礼で生きられる時空は計られず予測できない新しい出会いをもたらす時、つまりカイロス（かけがえのない出会いの霊機）に変容する。そして歩む一歩先に新たなカイロスが現成する。そのことは、その道行を日々希望を以て歩みうる、とも言い換えられよう。そしてかつてしがらみに囚われ、自己中心的に生きた時空が、自己を巡礼へと呼びかけた大いなる生命中心の、いわば神中心の次元に超出する時空と成る。時空が水平的ではなく、何か天上的なものとの垂直的な親和的拓けに変容する。そこに他の旅人と出会い、人生の真実相が現出して来うる由縁があろう。そうした巡礼という旅において真実に創造的な生が創成する。それでは、ここでいう創造的、創造ということは、どのようなことであろうか。

『イエルサレムのアイヒマン』の著者、またそれをテーマにした映画でもその人物像が活写されたユダヤ人女性哲学者ハンナ・アーレントは、『精神の生活』〈第二部自由意志〉において次のように語っている。「絶対的始まりがあるという仮定そのものが、〈創造〉についての聖書の教説に帰着するということについては、疑問の余地がない」と。そして新しく何かを始め大いなる生命との親和に向かう力としての自由意志について考察し、そこから人間が未来に希望しうる地平、つまり「新たな子の誕生」「新たな言説」の拓けを示唆している。

現代世界では巨大な「経済・技術官僚」機構が支配し、そのシステムと権力の中に呑み込まれてわれわれは、創造的活動や未来への夢を喪って、他者との出会いのカイロスを奪われたり、自己嫌悪や離人症に苦しんだり、その挙句絶望さえ自覚できない砂漠に生きているのではあるまいか。そこでは、実に預言者アモスが説くような、「希望」も含めた「言葉の飢饉」が文明の荒野を覆っているといえよう。あるいは、荒涼たる辺地から憎悪と暴力の砂塵が自称進歩の文明に向けて吹き込んでくる。「希望」を干上がらせようと。そういう「希望」の終末的危機を自覚して、旅に出、巡礼をし、他者（神仏を含む）と親和しつつ、御同行相生の道を辿り行く。「もののみえたる光」を詩歌に言いとめつつこれぞホモ・ウィアトールであり、そこから言歌がひびき出るペルソナ（人格）といえる。

以上のように親和的人格とその生にふれ親和性を自覚したので、いよいよ本格的に旧約「雅歌」の解釈、つまり『雅歌講話』の伝統における親和性について考究し、マリタンの親和論の源泉さらに加えて東方から西方の歴史を貫く恋愛と神秘主義的情熱の根源を味わってみたい。

第5節　『雅歌講話』の伝統における親和性

この愛に関わる伝統につらなる思想家は非常に多数なので、われわれは『雅歌講話』の先陣を切ったオリゲネスから現代の言語学者であり精神分析医であるユリア・クリスティヴァに至る思想家の間から幾人かを選んで彼らの雅歌解釈や恋愛論と親和性理解を紹介したいと思う(15)。

① オリゲネス（一八四／五―二五三／四）

「雅歌」解釈の範型を示して後世に影響を与えたのはオリゲネス（Ōrigenēs）であった。キリスト教迫害時アレクサンドリアで生まれ、殉教した父に聖書の手ほどきを受けた。彼の聖書研究は、七十人訳聖書の本文研究を核心とする『ヘクサプラ』（六欄組対訳聖書）[16]と共に、「雅歌」の解釈に向かった。その解釈法は今日の実証的歴史学の解釈と異なり、一つはアレゴリー的象徴的解釈である。例えば、「雅歌」の花婿をキリストに擬し、花嫁をわれわれの霊魂あるいは教会協働体に擬して象徴的にキリストと霊魂の関係を連関的に辿り読解する解釈（akolouthia）である。二つ目は予型的解釈（ティポロジィ）である。例えばパウロの「一コリント」一〇・6において、出エジプト時モーセに導かれて奴隷が開かれた海を渡り生き、対して彼らを追撃したエジプト軍が海に呑まれて全滅したエピソードが、洗礼における再生と罪の滅尽の予型とされる解釈である。

しかし、同じパウロの「ガラテヤ」四・21―五・1を参照すると、アブラハムの正妻であるサラが新約と自由を、女奴隷ハガルが旧約と奴隷的律法を各々にたとえている。だからサラが新約の予型であると共に自由の象徴でもあるようにアレゴリーと歴史的予型が混在しており、両者を一律に区別し切ることはできない。

オリゲネスは、『雅歌注解』（*Commentarium*）と『雅歌講話』（*Homilia*）を残しているが、ギリシア語原文は散逸しており、ルフィヌスのラテン語訳『注解』とヒエロニュムスのラテン語訳『講話』が遺されているのみである。

われわれはオリゲネスの雅歌解釈を辿る道において彼が「雅歌」という非常に情念的（エロチック）な表現に満ちた書に情熱的な若者が向かう際の危険と心構えを諭しているテキストから始めよう(17)。

『雅歌注解』

知恵に満ちたソロモンのこのような教えによれば、知恵を知りたいと願う人は、倫理に関する手ほどきを受けることから始めねばなりませんし、また「あなたは知恵に憧れていた。それなら掟を守りなさい。主があなたに知恵を与えてくださるでしょう」と述べられていることを理解しなければなりません。ですから、このようなわけで、人々に初めて神聖な哲学を説いたこの教師は、その著作の初めに『箴言』を据え、すでに述べましたように、そこで倫理学を教示しているのです。こうして、知的な面でも、倫理的な面でも進歩した時はじめて、人は自然についての理解を取り扱う課目に進み、そこで事物の原因と本性を識別することで、「むなしいもののの中でもむなしいもの」を捨てねばならないことに気づき、永遠かつ恒久のものに馳せねばならないことに気づくことができるのです。ですから、『箴言』の次に『伝道の書』が続きます。そこでは、すでに述べましたように、目に見えるもの、物体的なものは、移ろいやすくはかないものであることが説かれます。それがわかれば、知恵を得ようと努める人は、当然、それらを軽んじ、唾棄し、言ってみれば、この世から悉く身を引き、目に見えない、永遠のものに向かうはずです。この目に見えない、永遠のものが、霊的な意味で、かつ恋愛の表象的表現につつまれて『歌の歌』（『雅歌』）に説かれています。ですから、この書は最後に置かれています。それは、倫理的な面で浄められ、朽ちるものと朽ちないものとを識別することを学んだ後、天の花婿に向かう花嫁、即ち完成の域に達した魂の神のロゴスに対する愛の姿を通して描かれ、説かれていることにつまずくことがあり得なくなった時に、初めて本書を読ませるためです。事実、行ないと倫理的振舞いの両方を通して魂を浄め、更に自然界の事象を正しく判断するようになるまで導いた、これらの予備的知識のおかげで、人はふさわしい態度で神に関する教義、神秘な教えにまで進み、真実かつ霊的な愛をもって神を観想するまで上へ上へと進むのです。

『箴言』と『伝道の書』による訓練の必要性を述べた後、次に『雅歌講話』に移って、その霊的解釈についてどのようにオリゲネスが語っているかを傾聴したい。

さて、これらの言葉（花婿の口づけ、花嫁の香わしさ）は霊的に解釈されなければ、〔単なる〕たわごとに終ってしまうのではないでしょうか。〔そこに〕何らかの秘儀がひそんでいないとすれば、神にふさわしくないのではないでしょうか。ですから、聖書〔の言葉〕を霊的な意味で聞くことのできる人、あるいはできないにしても知りたいと願っている人は、血肉によって生きることのないよう全力を尽くす必要があります。そうしてこそはじめて、霊的な秘儀にふさわしいものとされることができるでしょう。もっと大胆な表現を用いるなら、霊の愛に〔燃え立たねばなりません〕。実に、霊の愛が存在するのです。肉の食物があり、霊の食物があります。肉の飲み物があり、霊の飲み物があります。同じ様に、サタンに由来する肉の愛があり、神にそのはじめをもつ霊の愛があります。……

……そうです、実に、霊の抱擁というものがあります。願わくは、花婿のこの親密な抱擁が、花嫁であるわたしを抱きすくめてくださいますように。そして、この書に書き記されている言葉を、わたしも言うことができますように、「〔花婿の〕左の手はわたしの頭の下に〔あり〕、右の手はわたしを抱きしめています」（「雅歌」二・6）と。

最後に御言および彼が語った聖書の言葉と霊魂（教会協働体）との霊的関係が「愛の痛手」の象徴表現によって示されている点に注目したい。実に弓の射手である神が放つ矢は、御子たる御言に外ならず、それは霊魂を貫き、霊魂はやはり御言である長子に変容し、彼に倣って神の子と呼ばれ、やがて福音宣教の場で、他の人々にも「愛の痛手」を負わせるに至るまでになる。

「わたしは愛の痛手を負っているのですから」。愛によって痛手を負うとは、何と素晴らしく、何と麗しいことでしょう。ある人は肉の情欲の投槍を受け、ある人は地に属する情欲によって傷ついています。あなたは、あなたの衣服を脱ぎ捨て、選ばれた矢、美しい矢にあなたを差し出してください。実に、神は弓をひくかたです。この矢について聖書が語っていることに耳を傾けてください。それ以上に、驚きの目をみはりたいなら、この矢そのものが語っていることに耳を傾けてください。「〔主は〕わたしを選ばれた矢として置かれ、わたしを箙にとどめ置かれた。そして、わたしに言われた、『わたしの子と呼ばれることは、あなたにとって大いなることである』と」。矢が何を語り、その矢がどのようにして主に選ばれたのか理解しましょう。この矢で痛手を受けるとは、何と幸せなことでしょう。互いに言葉を交わし、「道々、〔あのかたが〕わたしたちに聖書を説き明かされたとき、わたしたちの心は内で燃えていたではないか」（「ルカ」二四・32）と語り合った人は、この矢で痛手を負ったのです。もし、わたしたちの言葉で痛手を負う人があるなら、また聖書の教えで痛手を負い、わたしは愛に傷ついたと言うことができる人がいれば、その人の身の上に、先に述べた人々に起きたことが起こるかもしれません。いえ、かもしれないではありません。わたしは、〔そうなることを〕はっきりと断言します。

この「愛の痛手」のテーマは、以後の教父や観想者によって神との一致の端緒としてとり上げられる。

次にわれわれは西方教父に目を向けよう。

② ミラノのアンブロシウス（三三九頃―三九七）

アンブロシウス（Ambrosius,）は若くしてローマ帝国の知事として活躍していたが、公教要理を習得中突如民衆によってミラノの司教に推され任命された（三七四年）。ミラノでは、キリスト教信仰の自由が公認された「ミラノ勅令」もすでに発布されており（三一三年）、東方との交流も深く、先述のようにウィクトリヌスは、新プラトン派の著作のラテン語訳を押し進めた。他方アンブロシウスは、ギリシア語の知識を生かして大バシレイオスなど東方教父を学んで西方に紹介し、オリゲネスのいう聖書の三階層的意味（文字通りの意味、道徳的意味、秘儀的意味）を示して文字通りの意味に囚われていたアウグスティヌスを聖書の秘儀に導き、それは彼の回心の契機ともなった。加えて東方典礼に接し、ミラノ典礼成立にも影響したと伝えられる。

ミラノ典礼の内容は彼の二著作『秘跡について』（*Des Sacramentis*）と『神秘について』（*De Mysteriis*）に窺われ、両著作共に「雅歌」の典礼的解釈を示している。[18] 例えば『秘跡について』第五巻では、「彼（花婿）が幾度もわたし（花嫁）に接吻して下さいますよう」（「雅歌」一・2）が引用され、それがキリスト花婿によって罪悪から浄められた霊魂あるいは教会協働体が、キリストの身体の形である祭壇に近づき、天上の宴に与るよう招かれる象徴であると解釈されている。[19]

次に『神秘について』では、洗礼においてなされる「白衣の授与」が解釈されている。今はそれについて紹介しよう。白衣を授与されるものは、教会協働体あるいは霊魂を象徴する。

『神秘について』七・34—42[20]（私訳）

引き続いてあなたは白衣を受けた。それはあなたが罪の衣をはがされ、無垢の純潔な衣を着けたことを示すためである。

ところでキリストは自らの教会（彼女のためにキリストは、「ゼカリア預言書」三・3で言われているように「不浄な衣を着けた」）が白衣を着けているのを御覧になって、あるいは再生の洗礼によって浄く洗われた霊魂を御覧になりながら次のように言う。「見よ、あなたは美しい。わたしの愛しい女人よ、見よ、あなたは麗しい。その目は鳩」（「雅歌」四・1）と。美しい目とは、上述したように、聖霊が鳩のように降った有様を示している。

それゆえあなたは霊的印章（signaculum spiritale）を受けたことを想い出しなさい。すなわち、印章とは「知恵と悟りの霊、思慮と剛毅の霊、主を知る認識と敬虔の霊、聖なる畏敬の霊」のことである（「イザヤ」一一・2―3）。

上述の「霊的印章」は後にトマスによって聖霊の賜物論として展開される。今はアンブロシウスに引続いて、われわれは再びオリゲネスの雅歌解釈を全面的に継承しつつも、そこに神秘神学あるいは霊的変容に関する独自な体験的知見を加えたニュッサのグレゴリオスをとり上げたい。

③ ニュッサのグレゴリオス（三三〇頃―三九四）

ニュッサのグレゴリオス（Grēgorios Nysseni）は、兄である大バシレイオス、三位一体論の成立に貢献したナジアンゾスのグレゴリオスと共にカッパドキアの三教父の一人として、主教職や神学的著作活動に献身した。特に晩年には、「出エジプト記」に象徴的解釈を施した『モーセの生涯――モーセの生における徳（アレテー）について』（*De vita Moysis*）に続いて「雅歌」についての象徴的解釈書『雅歌講話』（*In Canticum Canticorum*）を著し、神秘神学や修徳論の歴史に金字塔を樹立したといえる。(21)

本論では『雅歌講話』を引用しつつ、その神学的霊性的諸眼目について大略解説していきたい。まず象徴的解釈が施された「雅歌」のテキストをのせよう。

（i）「雅歌」二・4b―7

4b　わたしの上に愛を秩序づけて下さい。
5　香油でわたしを力づけ、
りんごの実で支えてください。
わたしは　愛の痛手を受けているのですから。
6　あの方は　その左腕でわたしの頭を支え　その右腕でわたしを抱いて下さるでしょう。
7　エルサレムの娘たちよ、

わたしは野の力と強さにかけて
あなた方が誓うように願う。
愛が自らのぞむまで愛を目覚めさせ
起こそうとしないように、と。

このテキストに対する解釈を次にあげよう。[22] ここでもやはり「愛の痛手」のテーマが深く観想されている。

以上のことを語り終えると、花嫁は射手がうまく彼女に矢を射たので、その業を讃えて言う。「わたしは愛の痛手を受けている」（二・5）と。そう言うことによって花嫁は、矢が心深く射込まれたことを示している。矢の射手は愛である（「一ヨハネ」四・8）。われわれは聖書によって、神が愛であることを学んでいる。この神は自分の「選ばれた矢」（「イザヤ」四九・2）すなわち独り子である神を、矢じりの三肢に分かれた先端（矢じりとは信仰である）を生命の霊の中に浸して、救われる人びとに向けて射放つ。それは矢じりの突き刺さった人の中に、矢だけではなく、同時に射手も貫通するためである。それは主が「父とわたしとは、その人の所に行き、一緒に住む」（「ヨハネ」一四・23）と言っている通りである。

それゆえ神的な登攀によって高められた霊魂は、それによって痛手を受けた愛の甘美な矢を自分の中に認めるならば、その痛手を誇りに思い、そして「わたしは、愛の痛手を受けている」（二・5）と言う。おお、美しき傷、甘美なる痛手よ、そこを通って生命は、その矢でできた傷口を、あたかも扉や戸口のように自分のために開けて入ってくるのだから。真実に花嫁が愛の矢を受けるや否や、弓矢の射撃は直ちに婚姻の喜びに代わってしまうのである。

……

……テキストは、左手が矢の代わりに頭を支え、右手が身体の残りの部分を抱くと言う。テキストは、これら二つの比喩によって、神への登攀について同じ愛知の現実を教えている（philosophein）と思われる。すなわち、同じ神がわれわれの花婿でありかつ射手であって、花嫁としてかつ矢として、浄められた霊魂と交流するのである。彼は、矢としての彼女を善き的へ向け、花嫁として不滅の永生に与るように彼女を引きよせる。……それゆえ彼女は「あの方は、矢を的に向ける左手でわたしの頭を支え、その右手でわたしを抱き、御自身の方に引き寄せ、わたしを軽やかなものにして上方に運んで下さる。しかもわたしは、上方に向かって放たれながらも射手から離れることはありません。わたしは、射手の射撃によって放たれながら、同時に彼の手の中に安らっているのです。……」と言う。

続いて花嫁は、天上のエルサレムの娘たちに言葉を向ける。その言葉は、神愛がますます増大して、万人が救われ、真理を認識すること（「一テモテ」二・4）を願う人が、その願いを実現できるように誓いによって導く励ましである。それは次のように書かれている。「エルサレムの娘たちよ、わたしは野の力と強さにかけて、あなた方に誓ってもらったのです。愛が自ら欲むまで愛を目覚めさせ起こそうとしないように」（二・7）。

この解釈でいうと花嫁とは、協働体というより霊魂を意味し、その実存的変容が説明されていると思われる。そして霊魂に関わる神とは正に三位一体である。すなわち、父なる神は、愛にみちた射手として独り子である御言を矢として選ぶ。そして矢じりを「生命の霊」の中に浸す。古来弓合戦の時、射手は相手に致命傷を与えるために、トリカブトなどの毒液に矢じりを浸して矢を放つ。グレゴリオスは、この毒液に浸された矢を受けた者が、痛手を受け死ぬという事態を想定し、この毒液が「生命の霊」であるので、実際は死によって霊魂の回心を意味していると理解しうる。しかも矢に貫かれることは、驚くべきことに父と御子そして聖霊が、霊魂の中にその傷口を通して入ることであり、そこに霊魂と神との婚姻的一致が出来する。そして今度は霊魂自体が矢に変容し、花婿によって支えられ、つまり神愛・恩恵のうちに包まれたまま、永遠の生命に向けて放たれるというのである。このように神愛にみち変容した霊魂は、今度は自らがエルサレムの娘たちの象徴する万人を救いへと向かうように励ますのである。以上が三一神の働きによる霊魂の変容と人々への福音の伝播という神秘的神学的説示である(23)。

(ii)　次のテキストを示したい。

「雅歌」五・2

恋人の声が扉を叩いています。
「開けておくれ、愛しい姉妹よ、
愛しい近き人よ。わたしの鳩、全き女人よ
わたしの頭は　露にぬれ、
波うつ髪は　夜露にまみれたのだから」

このテキストの解釈に傾聴しよう。

ここでも花嫁は、知られるものにその都度感嘆し驚嘆するが、決してすでに知られたものに安住せず、観想されるものへの渇望（pothos）が止むことはない。そのため今も彼女は、御言葉が扉を叩くのを感知して、それにこたえるべく起き上がって言うのである。「恋人の声が扉を叩いています」と。

そこで花嫁が耳を澄ませると、その声からこだまする言葉を聞く。その言葉とは次のようなものだ。「開けておくれ、愛しい姉妹よ、愛しい近き人よ。わたしの鳩、全き女人よ。わたしの頭は　露にぬれ、波うつ髪は　夜露にまみれたのだから」（『雅歌』五・2）。この箇所の意味をわれわれは次のような観想によって把握できるだろう。偉大なるモーセに対して神の顕現（epiphaneia）は光によって始まった（『出エジプト』一九・18）。そのあと雲を通して彼に神は語った（『同』二〇・21）。さらに、モーセがより高くより完全に成ると、彼は暗闇（gnophos）のなかで神を見るのであった（『同』二四・15―18）。以上からわれわれが学ぶのは次のことである。まず、神に関する偽りの惑わされた観念からの最初の撤退は、闇（skotos）から光に移し置かれることである。次に、隠されたことをより直接に理解することと（katanoēsis）とは、現れてくるものを通して霊魂を神の不可視の本性に向けて導くことである。その理解は一方では、現れてくるものすべてに影を投げかけ、他方では、さらに隠れたものを見つめるよう霊魂を導き慣らす雲に譬えられている。以上の過程で霊魂は上方へ歩んでいき、人間の本性にとって到達可能なことを放棄してしまうと、神認識（theognōsia）の聖域に立ち至り、神的な暗闇によって四方を取り囲まれるのである。その暗闇のなかでは現れ把握されるものはすべて外に放棄され、霊魂の観想のために残されているのは不可視で把握不可能なもの（akatalēpton）だけである。そしてそこにこそ神は在す。正に御言葉が律法の制定者について、「モーセは神が在した暗闇のなかへと入った」（「同」二〇・21）と述べる通りである。

このテキストも根本的には、霊魂の変容の道行きを説いていると思われる。その際グレゴリオスは、モーセのシナイ山登攀のエピソードをとり上げ、それに象徴的解釈を加えている。グレゴリオスの雅歌解釈がオリゲネスのそれと大いに異なる点は、「出エジプト記」特にモーセのシナイ山登攀を組み込んだことである。それによるとモーセと神との出会いを光、次に雲、最後に暗黒（gnophos）という象徴的な位相を通して語り、霊魂の現実的変容にあてはめた。すなわち、霊魂は神に関する虚偽的理解から解放され光である真理・神の観想に向かう（光の段階）。しかし神の本性は不可視であり、人間知性の眼には太陽の如く輝き直視できないので、神は人間知性の認識眼を雲が影を投げかけて太陽の光に慣らすように次第により高い神認識へ向けて導く（雲の段階）。しかし極限的に人間の観想の力は、神を把握しえない。人間は神認識（theognōsia）の限界にぶつかり、そこで神的暗黒によって四方をとり囲まれ、進退に窮する。その霊魂の絶体絶命の認識的状況が「モーセは神が在した暗闇の中に入った」（「出エジプト記」二〇・21）と旧約は語っているのである。(24) さて暗黒に入った霊魂にはさらにどのような変容が待ち受けているのであろうか。

この点を解明するテキストが『雅歌講話』中の第十二講話に見出せるので、まずそのテキストを丹念に読むことにしよう。

しかるに、モーセはそれほどまでに偉大に成り、それほどの経験を経て神のほうに引き上げられたにもかかわらず、まだ満たされずにより多くを欲求していた。そして、直面して神を見ることを嘆願する者と成ったのである。御言葉の証言によれば、彼は神と直面して会話を交わす誉れを得たにもかかわらずである。すなわち、友が友に対するがごとく語り合ったことも、神との会話の交わし合いが彼にとって直接口と口とでなされたことも、彼のより上のものへの欲求を止めることはなかった。むしろ彼は言う、「もしわたしがあなたの前でご好意を得られるのならば、わたしにあなた御自身をはっきりと現してください」（「出エジプト記」三三・13）と。そしてこの要求に好意を与えると約束した方は、「わたしは、あなたを万人に勝って知っているのだから」（「同」三三・17）と言って、神的な場所でモーセを避けて通り過ぎるのに、彼を岩の間に入れて御自分の手で覆いながら通ったのであった。その結果モーセは、その方が通り過ぎた後で辛うじてその背中を見ただけであった（「同」三三・21—23）。以上のことを通して御言葉が教えていると思われることは、神を見ることを欲求する者がその慕い求めている方を見るのは、その方の後に常に従うことにおいてだということである。そして、その御顔の観想とは、後ろから御言葉に従うことで成就される、神に向かっての終わりなき歩みである。このようにして今や霊魂は、死を通して立ち上がり、没薬で溢れるほどになり、業によって両手をかんぬきにかけ、慕い求めている方が家に入るのを期待したのである。正にそのときに、その方は立ち去り（通り過ぎ）（parerchetai）（「雅歌」五・6）、霊魂は外に出て行く。その霊魂は自分の居た処にもはや留まらずに、さらに先へと導いていくその御言葉に従っていくのだ。

これに続くテキストは以前に観想した考えを確認してくれる。それは、神の本性の偉大さは、把握されることにおいてではなく、把握したと思わせるあらゆる力ある幻想を通り過ぎることにおいて認識されるということである。その霊魂はすでにその本性の外に出たので、その習慣が見えざるものの認識にとって邪魔になることはなく、見出されないものを探求して止まることがなく、言い表せないものを呼んで終わることがない。花嫁は「探し求めても、あの方を見出せませんでした」(「雅歌」五・6)と述べるのだから。というのも、認識可能な性質のいかなるものによっても啓き示されない方を見出す術はないだろうから。その方は、形なく、色なく、限界なく、量なく、場所なく、形態なく、推測されず、類推されず、類比されない方であって、把握を目指すあらゆる接近の彼方にその都度見出されて、探求者たちの把捉を完全に逃れる方である。それゆえ花嫁は言うのである。「わたしはあの方を探し求めました。思考と観念のなかで探求する霊魂の諸力をあげて。しかしあの方は、それらすべての彼方に出て、わたしの思惟が近づくと逃れ去ってしまいました」と。

あらゆる識別特徴の彼方にその都度見出される方が、どうしてなにかの名辞の意味によって捉えられるだろうか。このために彼女は、えも言われぬ善を表示するべく、名辞にありとあらゆる機能を与えることを考えつく。だが言葉のあらゆる表現機能は、その表示のためには力及ばず、真理より劣ることが明らかにされる。そこで彼女は言う、「わたしは、言葉がえも言われぬ至福を指し示せると考えて、力の限り呼びました。しかし、あの方はそうした表現が指し示すものより勝っていました(25)」と。

このテキストの後半でグレゴリオスは「雅歌」五・6を解釈して、認識可能なもののどんな性質や観念によっても神は見出すことはできないとし、いわゆる否定神学を用いて神的本性の絶対的超越性を示している。だからどんな名辞によっても、神を表現できないと述べるわけである。(26)

この箇所は、霊魂が神認識において「暗黒」に包含されている状況を示している。ところがテキストの前半部では、それでもモーセは神と「顔と顔を合わせて」見たいという欲求を止めることはできないと言う。

このモーセの欲求に神はどのように対応したのであろうか。その神の対応についてグレゴリオスは「出エジプト記」三三・20―23に象徴的解釈を施す。

まず、彼は人が神を見て、なお生きることはできないという旧約の神学的大前提を語る。その上で、神が傍らにある岩の裂け目にモーセを入れ、神がそこを通り過ぎるまで、その手でモーセを覆う。そしてモーセは通り過ぎた神の顔ではなく、その後ろである背を見るという箇所に象徴的解釈を加えるのである。

それはどういうことか。

それはいわば認識論上の大転換ともいえる洞察・見解である。彼は断言する。「神を見ることを欲求する者がその慕い求めている方を見るのは、その方の後ろに常に随うことにおいてだということである」。神の顔の観想とは、後ろから御言葉に従うことで果たされる。それは終りなき道行きであるとも述べられる。

以上のグレゴリオスの解釈の眼目をわれわれがまとめると次のような神学的立論となろう。すなわち、一般に見るということは、相手の正面に立ち自分の視界に相手をすえることに外ならない。言いかえると、相手を自分のカテゴリーの視界におき、自分のカテゴリーで分析・解釈・把握する意味で、正面認識といえる。自分の認識知内に収まる世界内在的なものはこの正面認識で捕らえられるとしても、自分の認識知を超越する神的事物にこの正面認識を当てはめると、逆に自分が思いなし作像する偶像・幻想がそこに生じ、その人は虚無にひき込まれ破滅するであろう(27)。それを旧約は堕罪物語として示したのである(「創世記」三)。

そこでグレゴリオスは先述の認識論上の大転換に従って、観想知を棄て、神の御言の後ろから随従する方策、つまり視覚ではなく聴覚に拠り、御言そしてその言葉である聖書の教えや聖者の言を聞きつつ、無限に聴従する霊魂の向上を説くのである。このように霊魂は自己内に止まることなく、御言とその教えに聴従し親和する。それでは人はどうして聴従し親和し向上しうるのか、その聴従の内実はどのようなことかが問われる。

ここでグレゴリオスは、霊魂が没薬で溢れるほどになることを指摘し象徴的解釈を続ける。それを今あえて説明してみよう。

彼は「乳香と没薬」の秘儀を説いた第六・七講話および第十二講話において解釈に着手する。[28] すなわち、没薬とは死を意味し、肉体的情念を自ら自由意志によって葬ること、さらに人の救いのために死んだ主と共に葬られることを意味するが、その要旨は原罪の根にある傲慢、つまり我意に死ぬことを本義としよう。これに対し乳香は神の讃美のための香りとして献げられるもの、端的に神性を意味するとされる。であるから、没薬と乳香の秘儀とは、キリストの受難に与ってその栄光にも与ること、我意に死んで回心し、新しい人として再生することを意味するのである。

従って霊魂が御言に背面的聴従をする親和的道行きにあっては、常に我意に死んで再生するというケノーシス（自己無化）を生きることになる。この点は後にエペクタシス論で詳細に考察することにして、今はこの道行きを語るグレゴリオスに傾聴しよう（第八講話冒頭）。

それゆえ「心の清い人はたしかに、可能な限りでつねになにものかを見てはいても、その見られたなにものかは人の心に完全には入りはしない」（「一コリ」二・9）と言われる。なぜなら、絶えざる登攀にあって、すでに把握されたものは、それ以前に把握されたものよりも大であって、探究されているもの（＝善）が有限な把握のうちに限定されてしまうことはないからである。却って、或るとき発見されたもののその限界・限度（peras）は、善への絶えざる登攀を為す人にとって、より高いものの発見のための端初（archē）となるのである。それゆえ、登攀する人は決して立ち止まることなく、或る端初へと変容して動きゆく。その際、つねにより大なるものへの端初・根拠はそれ自身において終わりに至ることがないのだ。と言うのも、上昇する人の欲求・憧憬（epithumia）は、すでに知られ到達されたものに決して停まることなく、超越的なものへの新たなより大なる欲求を通して、次々と霊魂は上昇し、より高きものを通って無限なるものに絶えず進みゆくのであるから。

このように霊魂がある限界を超え、そこを端初として新生の道行きを辿る。その道行きは無限な道行きである。この道行きが無限なのは、神が無限だからである。ここで神は無限者として理解される。これに対してアリストテレスは神を純粋形相として捉える。それはどうしてか。彼の『形而上学』（*Metaphysica*）は文字通り『自然学』（*Physica*）の「後に」、『自然学』を「超えて」（meta）を意味する。従って彼の神論を頂点とする『形而上学』を理解するためにはまず『自然学』の理解が必要となる。では、彼は自然学においてどのように自然を理解し、その学を構想したのであろうか。簡略に考察したい。

地球を含む月下の自然界は、地水火風の四元素を質料として生成消滅の運動をなし、それを包む仕方で諸々の惑星をいただく諸天球が円環運動をしており、その一番外側には第一天球である恒星天があり、これが全宇宙の円環運動の自然学的原因として君臨している。そうした「動かされて他の天球を動かす」自然界を超えてさらに非自然学的で非質料的な第一原因が働いており、これは「不動の動者」と呼ばれる。万物はこの第一原因を究極の目的（因）として目的因の系列をなしながら運動する。この「不動の動者」は自ら動かず動かすのでアリストテレスは、「愛されるものが動かすように動かす」と比喩的に語っている。[29] そして運動は質料も含むので、この不動の動者は質料なき純粋形相として措定されるわけである。ここに純粋形相である神を統率者とする形而上学的世界あるいは形而上学が成立する。この究極的な「不動の動者」は万物の目的として最高善であり、自らを対象として思惟し観照する「思惟の思惟」（hē noēsis noēseōs）ともいわれる。この「不動の動者」の観照（theōria）はまた人間にとって神的な生活の理想として求められ讃美されている。[30]

このようにグレゴリオスは無限概念を生み出し神的本性を表現した。対してアリストテレスはギリシア的正面認識・形相主義に従って神を純粋形相として固定化し、その観照を人間の理想としたといえる。その限り、無限な背面的聴従の道行きは、ギリシア的視覚認識や認識論一般にとってその理想の真逆をいく異端的理想といえるであろう。

われわれは次にオリゲネスの雅歌解釈をいわば全面的に身に受けた大グレゴリウスの『雅歌注解』（*Expositio in Canticum Canticorum*）を紹介したい。[31]

④　グレゴリウス一世（五四〇―六〇四）

通称大グレゴリウス（Gregorius I）は、ローマ市長を辞任し、教皇ペラギウス二世によって助祭に叙階された後、コンスタンティノポリスに教皇特使として派遣された（五七九―五八五年）。その際、異端視されたオリゲネスの問題を知ったと思われるが、彼はその問題に立ち入らず、雅歌注解に着手した。しかし彼の注解は「雅歌」第一章の最初の八節までしか今日残されてはいない。その注解でグレゴリウスは、神と人間との関係が主人と奴隷の関係ではなく、誠に花婿と花嫁の関係であることを説いた。そしてこの花婿と花嫁の霊的な一致は、観想によって始めて洞察しえ、加えてこの一致こそ観想生活の目的であると強調した。

それでは次にわれわれはグレゴリウスの注解テキストの日本語私訳をかかげ、それを読者諸賢と共に味読しよう。

確かに神にあってはあの時、この時という違いはない。しかし、神はまず誉れを受けるために畏敬され、人がその愛に近づくために誉れを受けることを欲まれた。また人が神を畏敬するために主（dominus）の名を受け、人がその誉れを賛えるために父の名を受け、愛されるために花婿の名を受ける。このようにして、畏敬を通して人は神の誉れに近づき、誉れを通して愛に至る。名誉が畏敬よりも一層価値あるように、神は主人というよりも一層父と呼ばれることを欲む。そして愛が名誉よりも一層価値があるように、神は父というよりも一層花婿と呼ばれることを欲むのである。

従ってこの雅歌の書においては、「主なる神と教会」は「主と僕」と呼ばれるのではなく、「花婿と花嫁」と呼ばれるのである。

畏敬や尊崇だけでなく愛においても人は神に仕える。そしてこの三つの外的な言葉によって内的な感情は奮い立たせられる。神は主と名づけられる時、われわれが創造されたことを意味する。神は父と名づけられる時、われわれが養子（神の子）にされたことを意味する。神は花婿と名づけられる時、われわれが彼と一致したことを意味する。ところで、神と一致したことは、創造されたことや養子にされたことよりも一層よいことである。それ故神が花婿と呼ばれるこの雅歌の書においては、そこで一致の契約（foedus）が見出されるのであるから、何かある非常に神々しいことが示唆されているのである。新約聖書にあってこれらの言葉（創造、養子、一致）は何度も繰り返して想起される。というのも、そこでは御言と肉（caro）との、キリストと教会との一致の成就が祝われているからである。そういうわけでヨハネは、主の到来の時に「花嫁をもらうのは花婿である」（三・29）と語るのである。

花婿と花嫁の一致、つまりキリストと霊魂の親和的一致を観想の理想とした大グレゴリウスの解釈の伝統はさらに続いていく。次にこの伝統とは異なる解釈を垣間見てみよう。

⑤『ソロモンの頌歌』（二世紀前半[32]）

この頌歌では、「ソロモン」の名前は一度もあげられることはなく、頌歌は一般にキリスト教的作品とされている。その救済論も正統論が言うように、キリストの磔刑と復活による贖罪信仰に基づく救いというより、むしろ受肉した子の認識を通して至上なる父を認識する知に基づく救いを説く。その神学思想や成立史などについてまだ議論が多く確定的結論は出されていない。

「雅歌」についての言及も皆無であるが、我々の注目を引く「第三頌歌」には「雅歌」三・4の引用に近い箇所があり、愛の交流の賛歌となっているので紹介した。

第三頌歌

（冒頭部分は喪失）………

一　〔主の愛を〕私は着ている。
二　彼の肢体は彼のそばにある
私はそれらの肢体に固着され、彼は私を愛してくださっている。
三　何故なら、私は主を愛するすべを知らずにいたことであろうから、
もし彼がずっと私を愛し続けていてくれなかったとしたら。
四　一体だれが愛を見分けることができようか、
愛されている者以外に。
五　私は愛しい主を愛し、私の魂も彼を愛している。
彼の安らぎがあるところ、そこに私もいる。
六　〔そこで〕私は知られざる者とはならないだろう。

いと高く、憐み深い主のもとには、妬みがないからである。
七　私は（主と）結ばれた。何故なら、愛する者が愛される方を見つけたからである。(33)
また、私は彼、すなわち御子を愛しているので、御子になるであろうから。
八　本当に、あの不死なる方に結びついている者は、
その人もまた不死となるだろう。
九　そして生命に満ちあふれている者は、
活きる者となるだろう。
一〇　これが主の霊であり、偽りがなく、
主の道を知るようにと人の子らを教える霊である。
一一　あなたがたは賢く、悟って、目覚めていなさい。
ハレルヤ。

⑥　ギヨーム（サン・ティエリの）（一〇八五―一一四八）
ギヨーム（Guillaume, Saint-Thierry）は、クレルヴォーのベルナールと親しく、一一一九年にはサン・ティエリの修道院長となり、六十歳でシトー会の修道士となる。オリゲネスを参照しつ

つ、「雅歌」を体験的に注解し、ベルナールの『雅歌注解』にも影響を与えた。われわれは、花婿を顔と顔を合わせて見るという花嫁の神秘体験を説くテキストを次に私訳で紹介したい(34)。

一日が呼吸をし、闇が去る時、花婿と花嫁は両方共感情の上で和合するどころか、互いに寄り添って陶然と愛を交わす。花婿が草を食むのは最早百合やその実を結ばない優雅さの間ではなく、聖霊の実とその豊かな肥沃さの間である。聖霊の息吹で、早くもわれわれの夜であるこの生から、一時、一瞬が昼のように輝く時、また真理の光に撃退されて、この世の虚妄の闇が消え失せる時、むしろ闇であって光ではないこの生の夕方に、つまり他の生の朝まだきを迎える時に、あるいは何にもまして永遠の朝、すべての復活の日において、その時に花婿と花嫁は、最早信仰によってではなく、互いに寄り添って顔と顔を合わせて（per speciem）、注視し始めるのである。そして花婿は花嫁を養うのに最早、不毛の百合のような希望の花によってではなく、現実の果実による（in fructu rei）のである。その時この世の虚妄の闇は、自分たちを評価していた座から追放されて消え失せる。その時恩恵の新しいサクラメント(35)（秘跡）がかつて旧いサクラメントを終らせたように、サクラメントがおおい秘めていた現実自体（res ipsa）が、例外なくすべてのサクラメントに終止符を打つのである。

実に新約のサクラメントにおいては、新しい恩恵の日が呼吸し始めたのであった。しかしあらゆる終りを終らせるこの終りにあって、それ以後、鏡も謎（aenigma）もなく、一部分でもなく、逆に顔と顔を合わせて見るヴィジョンと最高善の溢れを伴う正午の日が高く上る（「一コリ」一三・12）。その日を理性は求め続けてきたし、知性はそこに認識を定める。その日を愛にみちた辛抱強い情熱は求め、霊魂の愛は燃え立ち、情動は享受する。その認識は理性の認識ではなく照らされた愛の認識であり、情動はわけのわからない処から生じた情動ではなく、神によって神的な仕方で生み出されたものである。使徒パウロが「わたしたちがそうなるのにふさわしいようにして下さったのは神である」（「二コリ」五・5）と言っているように。

神と共に栄光化された人がもつ霊魂のすべての力（vires）、諸徳、意志、志、情動は、復活の力に拠って、腐敗の奴隷と虚妄への従属から解放される。そしてそれらすべては信仰がそれまで徐々に見てきた御方を完全に観る観想のうちに、そしてまたゆれ動いてきた希望が今や確実に捉えた御方の把握のうちに、信仰によって愛されるお方の堅固な享受のうちにゆらぐことなくしっかりと見出されるであろう。

以上のテキストは新約キリストのサクラメントと旧約律法のサクラメントを区別しつつ、特に「その（花婿キリストの）認識は理性の認識ではなく照らされた愛の認識」と語り、本論のテーマである情動・親和性による一致をよく描いている。

⑦　ベルナール（クレルヴォーの）（一〇九〇頃―一一五三）

ベルナール（Bernard, Clairvaux）は、クリュニー修道院の改革を押し進めたシトー会に二二歳で入会、ベネディクトゥスの会則をよく遵守しようと、一一一五年にクレルヴォー（明るい谷）といわれる渓谷に修道院を立て修道院長として働く。

そこで修道士の教育のため「雅歌」の甘美な比喩的解釈をし、「蜜流るる博士」（Doctor Mellifluus）と呼ばれた。オリゲネスなどの精神を受け継ぎ『雅歌についての説教集』（*Sermones super Cantica Canticorum*）を起草し、後代に神との親和的一致および神の知を語る人々に多大な影響を与えた。人間的な幅も広く、第二回十字軍を浄めの行として推進するなどその活動は多彩を極めている。彼の「雅歌」説教では特に受肉を象徴する口づけ（baiser）を強調している。[36]

「どうか、あなたの口の口づけをもって、わたしに口づけしてください」（「雅」一・2）と彼女は言います。雅歌に登場する〝彼女〟とはだれのことなのでしょう。花よめのことです。花よめとはだれのことなのでしょう。神に飢えかわいている霊魂のことです。花よめの性格をもっと闡明に浮彫りにするため、人間関係における対人感情を二つ三つ手短に説明しましょう。

奴隷は、主人の顔を見ることさえこわがっています。やとわれ人は、主人からもらう賃金以外に希望はありません。弟子は師の教えに聞き耳をそば立てています。子は父を尊敬しています。口づけを求める女は、愛に燃えさかっている恋人です。ところで、人間の自然の性情からわき出る感情のうちで、首位をしめるのは愛です。この愛が、その源泉である神に向けられるときは、とりわけそうなのです。花むこと花よめとの相互愛にもまして、御言と霊魂との相互愛をもっと甘美に表現できるものはどこにもありません。花むこと花よめは、すべてを共有しています。かれらには、自分のものとして所有している、いわゆる〝私物〟は一つもありません。かれらは同じ相続財産を共有しています。同じ家に住み、同じ食卓で食べ、同じ寝床に休み、同じいすに腰かけます。「それで、人は、その妻のゆえに、自分の父と母を離れて、妻と結び合い、ふたりは一体となる」（「創」二・24）ように運命づけられているのです。女は女で、「自分の民と、自分の父の家を忘れねばなりません。夫が彼女の美しさを慕って愛に燃えさかるようになるためなのです」（「詩」四五・10―11）。そんなわけで、愛こそはとりわけ、またおもに、夫婦に適している感情なのですから、神への愛に燃えている霊魂に〝花よめ〟の名前を与えるのは、しごく当然だと思うのです。

じっさい、愛に燃えているからこそ、口づけを求めるのではありませんか。彼女は自由も報酬も求めません。相続財産も知識さえも求めません。彼女が求めるのは唯一口づけなのです。彼女は貞節な妻として口づけを求めます。聖なる愛に燃えさかっているからこそ、自分を焼き尽くす愛の炎をかくしたくないからこそ、口づけを求めるのです。

ごらんなさい。神への愛に燃えさかる霊魂は、このように神との対談を始めるのです。王なる神に大きなお恵みを願い求めるにあたって、彼女はけっしてほかの人がするように、あいてに安価な媚も売らないし、また、へつらいや誘惑の工作にも馳せません。自分の愛の願望を達するために、けっしてまわりくどいことをしません。いかなる事前工作もしません。あいての厚意をとりつけるためのいかなる愛戯もしません。そんなものをみな通り越して、ただただ、愛のもだえを告白するのです。そして率直に、少々軽はずみだとはわかっていても、一直線に切り出すのです。「どうか、あなたの口の口づけをもって、わたしに口づけしてください」と。

彼女は次のように言っているようにも思えませんか。「天では、あなたのほかに、だれを持つことができましょう。地上では、あなたのほかにわたしはだれも望みません」（「詩」七三・25）。

⑧　ヘルフタのゲルトルート

ゲルトルート（Gertrud von Helfta）（一二五六―一三〇一／〇二）は、五歳の時ヘルフタのベネディクト会修道院に預けられ、そこで修道女の生活を四十年も生きることになる。二五歳位になってそれまでの不熱心な生から回心し、聖書や霊的先達（アウグスティヌス、大グレゴリウス、クレルヴォーのベルナールなど）から熱心に学んだ。彼女の霊性は、ベネディクトの伝統とベギン派であったマクデブルクのメヒティルト(37)の影響によって開花してゆく。彼女の著作『神の愛の使者』には、ゲルトルートの生涯のエピソードが語られ、文字通り神の愛の使者の姿が描かれている。また流麗なラテン語で書かれた『霊的修行』（*Exercitia spiritualia*）は神秘的な数七による構成を示し、神と顔と顔を合わせる喜びの出会い、花嫁の花婿との親和的一致に向かう霊的道行きの書となっている。これらの書では「雅歌」の文字通りの引用は余りないが、表現は婚姻の用語に彩られている。われわれは『使者』と『修行』の各々から愛の言表を引用したい（私訳）(38)。

『神の愛の使者』第三巻四二章

ある夜、彼女の床のそばの十字架像が彼女の上に傾き倒れそうになったので、彼女は像を立て直し、それに向けてやさしい言葉をささやいた。「おお、わたしのやさしい小さなイエスよ、どうしてこのように傾くのですか」と。すると直ちに像は彼女に応えた。「わたしの心の愛によってわたしはあなたに引き寄せられてしまうのだ」と。そこで彼女は十字架像を手に取り、やさしく自分の胸に押し当て、愛撫でもってそれを包み、口づけしながら「わたしの最愛の方は、わたしにとって没薬の束です」と言うと、主は彼女から言葉を奪いとるかのように続けて言う。「わたしの胸の間に休らっている」と。そのことによって主は彼女に、魂と身体の苦しみや逆境を主のいとも聖なる受難の中に包み込まなければならないということを悟らせたのである。あたかも花束の真中に乾いた茎を包み隠すように。

『霊的修行』第二

おお、イエス、わたしの心の最愛の方よ。どんな霊的な実もあなたの霊の露にひたされ、あなたの愛の厳しさによって養われるのでなければ決して結実しないことは不変の真理です。だから、もしよろしければ、わたしを憐み、あなたの愛の腕に抱きとり、あなたの霊でわたしの全心身を暖めて下さい。わたしの心身を御覧下さい。すべてをあなたに献げます。それらがあなたのものとなるように。

最愛の方、最愛の方よ。わたしの上に祝福をふりまいて下さい。あなたの溢れる甘美さの中にわたしの心を開け、導き入れて下さい。実にわたしは心と魂のすべてをあげて、あなたを欲み、あなただけのものになるよう祈ります。ああ、わたしはあなたのもの、あなたはわたしのもの!! わたしがあなたの生ける愛の中で育まれ、あなたの恩恵によって、小さな谷の水辺に咲く百合さながらに花咲くようにして下さい。

聖霊よ、来れ、愛である神よ、来れ!! 哀れにもあなたの善を欠いたわたしの心を満たして下さいますように。あなたを愛するため、わたしを燃え立たせ、あなたを知るためにわたしを照らし、あなたの中にわたしの至上の喜びを見出すためわたしを引き寄せ、あなたを享受するためにわたしをあなたのものにして下さい。

⑨　十字架の聖ヨハネ（一五四二―九一）

十字架の聖ヨハネ（Juan de la Cruz）は、貧しい家庭に生まれ、幼少期には並々ならぬ苦労をした。二一歳の時カルメル会に入会。続いてサラマンカ大学で聖書、教父、神学を学ぶ。しかし当時五二歳のアビラのテレサ(39)との出会い（一五六七年）が彼の生涯にとって決定的となった。すなわち、ヨハネもテレサと協働してカルメル会改革運動に乗り出し、一五六八年には、改革カルメル会の小さな協働体を創立した。だが、改革反対派によって反逆罪に問われて捕えられ、トレドのカルメル会修道院に幽閉された（一五七七年）。そこで虐待を受け、八か月の幽閉期間に病いと苦痛で極度に衰弱したが、それが却ってヨハネの霊的浄化となった。その牢獄の中で彼は『霊の賛歌』のはじめの三十の歌を詩作し、その後さらに十の歌を創作した。そしてこれらの歌それぞれに詳細な注解が加えられ『霊の賛歌』が完成した。

『霊の賛歌』はその全四十の歌を読めば解るように見事に「雅歌」をモデルにし、花婿キリストと花嫁霊魂との愛による霊的変容の導きとなっている。われわれは次に、第一の歌とそのヨハネによる注解・解説を示してみたい。そこでも「愛の痛手」が端初となっている。

第一の歌(40)

どこにお隠れになったのですか？
愛するかたよ、私をとり残して、嘆くにまかせて……
私を傷つけておいて、鹿のように、

あなたは逃げてしまわれました。
叫びながら私はあなたを追って出てゆきました。
でも、あなたは、もういらっしゃらなかった。

解　説

2　この第一の歌において霊魂は自分の花むこ、神の御子なる聖言への愛に燃え、かれの神的本質を明らかに見ることによって、かれに一致したいと熱望し、おのが愛の焦燥を述べ、かれの不在をとがめる。しかも、かれはその愛によってこの霊魂を傷つけ深傷を負わせたので、霊魂はすべての被造物と、自分自身から出たのに、なおその愛人の不在を苦しまねばならない。まだかれは霊魂をその朽つべき肉体から解放して、永遠の光栄のうちにかれを楽しむことができるようにしておやりにならない。それで霊魂はいう。

どこにお隠れになったのですか？……

3　それはちょうどこういっているかのようである。〝おお聖言よ、私の花むこよ、あなたの隠れ場を私に示してください！〟これは、彼の神的本体の顕現を願うにひとしい。なぜなら神の御子が隠れていられる所とは聖ヨハネがいっているように「御父のふところ」（「ヨハネ」一二・18）、ことばをかえていえば神の本体である。それはすべての人間の目には見えず、すべての人間の知性からは隠されている。そのため、イザヤは神に向かって話すとき「まことにあなたは隠れた神である」（「イザヤ」四五・15）という。故に、注意すべきことは、この世において霊魂がどんなにすばらしい神との交わりや神の現存を体験しても、どれほど崇高な認識を神についていだいているにしても、このように霊魂が感知するものは神の本質ではなく、それとはなんのかかわりもないものである。なぜなら実に、神はわれらの霊魂にとって常に隠されたものであるから。したがって、霊魂は、自分に示されることがどんなに偉大であろうとも、いつも神を隠れたものとみなし、〝どこにお隠れになったのですか？〟といいながら、その隠れ場にかれをさがし求めねばならない。事実、神との崇高な交わりも、神の可感的現存も、神が霊魂内に無償の恵みによって住んでいられる確実なしるしにはならない。それは無味乾燥やこの種の（可感的）恵みの欠如が神の不在のしるしとはならないのと同じである。それで預言者ヨブはいっている「かれがわたしのもとにこられても、わたしはかれを見ないだろう、遠ざかられても、わたしにはそれがわからないだろう」と（「ヨブ記」九・11）。

9　しかしあなたはまだいうかもしれない。〝私の愛する御者は私の内に住んでいられるのに、どうして私はかれを見出しもせず感じもしないのであろうか？〟と。そのわけはこうである。かれはそこに隠れていられるのに、あなたはかれを見出し、かれを感じるために隠れない。隠れたものを見出したい人は、そのものが隠れている奥深いところまではいって行かなければならない。そしてそれを見出したときには、かれもそれと同じように隠れてしまうのである。あなたの愛する天の花むこはあなたの心の畠のなかに隠されている宝、それを買うためには賢い商人が自分のもつすべてのものを与えた（「マタイ」一三・44）あの宝である。それゆえ、かれを見出すためには、あなたは自分に属するすべてのことを忘れ、すべての被造物から遠ざかり、内心の庵に隠れ戸を背後に閉めて（すなわち意志をもっていっさいのものを捨てて）隠れてましますあなたの父に祈ることが必要なのである（「マタイ」六・6）。このように、かれとともに隠れてとどまるならば、あなたはひそやかにかれを感じるであろう。そしてひそやかにかれを愛し、喜び、ひそやかに、つまり、あらゆることば、感情を越える様式でかれとともに楽しむであろう。

⑩　ギュイヨン夫人（一六四八―一七一七）

雅歌講話の伝統を理解するうえで、ギュイヨン夫人（Madame Guyon, Jeanne-Marie Guyon）などが施した例外的な「雅歌」のキエティズム（quiétisme）的解釈を紹介しておきたい。キエティズムは静寂主義とも訳されるが、その名称はラテン語で休息・静寂を意味する quies に由来する。宗教思想や神秘主義の歴史上始めてこのキエティズムを唱道したのは、スペイン人神学者モリノス（Molinos, Miguel de, 1628―96）であった。

彼によると求道者は神の前で修道行や霊的努力を全く放棄し、救いさえ欲まず、ただひたすら受動的な静寂の中に在るべきであり、その時外面的業で誤っても罪にはならないと説いた。彼は教皇インノケンティウス十一世によって断罪され（一六八七年）、終身修道院に禁固の身となった。このモリノスの影響はフランスに浸透し、未亡人であり、瞑想生活に生きていたギュイヨン夫人に及んだ。夫人の霊的理想は、神の中に沈潜休息し、外的世界の干渉を断った「純粋で無私なる愛」に生きることであった。夫人はこの理想を説き広めたので、キエティスムの疑いをかけられ、拘引され、ボシュエ(41)によってバスティーユの牢獄に監禁された。それまで彼女を援助し支持したのはフェヌロン大司教であった。彼もまたボシュエやローマによって異端視された。

次にギュイヨン夫人の雅歌解釈を私訳で紹介しよう。原テキストは、*Le Cantique des cantiques*

de Salomon: interprété selon le sens mystique et la vraie représentation des états intérieurs, Ch II.

「エルサレムの乙女たち、かもしかや、野の雌鹿を指して、あなた方に誓ってもらいたい。わたしの愛する女人を、目覚めさせるな。揺り起こすな。彼女がそうしたいと思う時まで」（「雅歌」三・5）。

霊魂は、婚姻の甘美な抱擁の中で神秘的な眠りについています。その眠りにあって彼女は今まで味わったこともない休息を味わっているのです。他のいろいろな休息にあっては彼女は信頼して最愛の若者の影に座っていたのですが、決して彼の胸や腕の中で眠ったわけではありません。被造物が、霊的被造物さえもが急いで霊魂からその甘美な眠りを奪うというのは妙なことです。エルサレムの娘たちは、やさしいが厄介な友人たちで、もっともらしい口実の下に強いて彼女から眠りを奪おうとします。しかし彼女は深く眠っているので、その眠りから覚めることはできないのです。だから花婿は彼女に語りかけます。そしてその腕の中に彼女をしっかり抱きしめ、女の友人たちに、自分の最愛の乙女を目覚めさせないように懇願します。たとえ彼女たちが、徳の生々した厳しい実践だなどと一層評価するすべてをさし措いても。というのも、彼女が彼の喜びとなるのは、この休息においてであり、休息の外で彼女が行うこと一切においてではないからです。彼は彼女らに言います。「直接間接を問わず彼女を目覚めさせないように。そのために何らかの手段を探して用いて下さい。彼女が自から目覚めを欲む時まで。わたしが彼女に目覚めを欲む時以外に彼女は目覚めを欲まないのだから」。

このテキストでギュイヨン夫人の解釈の一特徴を指摘するとすれば、伝統的な解釈が花嫁である霊魂のひたすらな花婿志向を核心とするのに対し、逆に霊魂が花婿を志向する自己を放棄し、ひたすら休息の中で眠ること（quies）を強調することだといえるであろう。

⑪　ジュリア・クリステヴァ（一九四一―）

ジュリア・クリステヴァ（Julia Kristeva）は、ブルガリア生まれで、二五歳の時ジャーナリストになる目的でパリ移住を決断した。今日では言語学者、精神分析医、フェミニスム作家として名をなしている。その諸活動は、愛（aimer）こそが、すべての人の強いあこがれ（aspiration）だという確信に根差している。実際その著『愛の物語』（*Histoires d'amour*）の中で彼女は「精神分析医であるとは、すべての物語が愛を語ることに帰着することを知ることだ」と述べている。またその著作の一章は丸々「雅歌」にささげられており、「言葉による女性の自律」が強調されている。われわれはそのことを次のクリステヴァの雅歌解釈の中に洞察できよう（私訳）[42]。

――花嫁が語る――

最後に『雅歌』は、女性、つまり愛する花嫁を肯定することによってギリシアまたはメソポタミアの通過儀礼的なエロチシズムと神智主義とを玄妙に通過する過越しなのです。花嫁は世界で初めて彼女の王、花婿または神の前で語り始めたのです。彼女が王に従順なのは当然です。しかし、それはあくまでも恋する愛人としてです。

その合法性で言挙げされた、よこしまでない愛において語りそして相手の王的主権と肩をならべる者こそ花嫁です。恋するこのシュラムの乙女は、恋人の前で自律した最初の女性なのです。一組の男女の愛にささげられた讃歌として、ユダヤ教はこのようにして、はっきりと女性の最初の解放となりました。恋し語る者という主体の資格をもった女性において。シュラムの乙女は、その叙情的で舞うような演劇的な言葉を通して、またその従順を情念がもつ暴力と適法性に結びつけるという冒険によって、近代的個の原型なのです。彼女は女王でもないのに、その愛と愛を実現するディスクール（言説）によって王のように堂々としています。悲壮でも悲劇的でもなく。この花嫁――一人の女性は、透明で激しく、分裂しておりすばしこく、公正で苦悩しており希望しているのですが、彼女こそ、その愛から発して近代的な意味で主体となった、最初のしかし普通の個なのです。（若者の現存と不在を同時に求めるほど）分裂して病んでいるにも拘らず、堂々として自律しています。「エルサレムの乙女たちよ。わたしは黒いけれど愛らしい。ケダルの天幕、ソロモンの幕屋のように。……その人はわたしを宴の家に伴い、わたしの上に愛の旗を掲げてくれました。ぶどうのお菓子でわたしを養い、りんごで力づけてください。わたしは恋に悩んでいますから。あの人が左の腕をわたしの頭の下に伸べ、右の腕でわたしを抱いてくだされぱよいのに」（一・5、二・4―6）。

今や民全体がシュラムの乙女、神の選ばれた女人のように自律して生きます。この宗教的感情のクライマックスはまた、それがエロチックな情熱と前例のないレトリックによって支配された自由へと直接に移ってゆく通過に外ならないのです。

まとめとひらき一

われわれはこの「まとめとひらき一」において、まず1、親和的認識を説いたアウグスティヌスからジュリア・クリステヴァに至る神学者や思想家の教説を大略まとめその思いや論点を示した後、次に2、本論の主題と副題の意図と内実をより詳細に開陳しつつ、二章の旧約聖書、三章の新約聖書における愛と醜悪の物語論的思想的展望へとつなげたい。

1　まとめ、親和的認識の系譜

西欧近代以降デカルトやガリレオに見られるように、理性を事物構成的に完全に用いて人間や自然を数学を通して法則化し知識体系を創り、さらにその知識と技術を結んで近代科学を生み、世界自然をコントロールし支配して、人間は自分に便利な物質文明を造ろうと目指してきた。これからもこの志向に拍車が掛かるであろう。こうしてフッサールは生活世界が物理科学によって隠され、人間の生の基盤である生活世界が忘却された危機を指摘する（『ヨーロッパ諸学の危機と超越論的現象学』一九三六年）。この近代科学の世界支配への志向は、知識人や技術者および彼らを利用する権力者が一切の他の人間や自然に君臨しようとする、いわば自ら神になろうとする傲慢（ヒュブリス）ともいえる。この理性知の支配に対して危機感を抱き、神・神的なことがらと真に人間的なことがらの探求に向けて愛による認識・親和的認識に全力を傾注したのが、先述のアウグスティヌスやトマスにつながるベルクソン、J・マリタンなどの哲学者や神学者であったといえる。この親和的認識から一方で詩や芸術作品がうまれる。俳人芭蕉が「山路来て何やらゆかしすみれ草」とうたう時、そこには自然の美しさの賛歌と共に、この一本の花を開花させようとその全エネルギーを凝集する宇宙自然の生命の本源が啓き示されている。[43] だから俳人は自然描写をこえて、彼の心に一瞬光る本源的生命、創造主の指にふれ参与するわけである。その意味で芭蕉の弟子の土芳は師の次のことばを伝えている。「物の見えたる光、いまだ心にきえざる中にいひとむべし」[44]と。光は俳人の心からことばに言い止められ、句の形になるのである。マリタンは親和的認識の芸術面を告げているが、他方で、彼が倣った教父たちは、神との愛の一致への思いに燃え、「雅歌」を味読、注解しつつ、神の親和的認識を求め、またそれを神学創造の核心的方法としてきたのである。彼らのその思いは読者諸賢にも深く了解いただけたことであろう。

因みに、「雅歌」とその「注解」の歴史は、特に西方にあって恋愛・恋愛論の人間的深まりと理解に多大な影響を与え、明治以降、日本にも恋愛文学の翻訳を通して、恋愛とその考えを土着化させる契機となった点を指摘しておきたい。『愛について』平凡社ライブラリーを参照されたし。

2　ひらき、本論の主題および副題の意義と展望

主題「親和的感性（アイステーシス）に拠る知（aesthetica）と相生」におけるアイステーシスは、後に美学（Ästhetik 独）として用いられる広く深い内容をもった言葉であるが、われわれは

さし当って人がその心身全体を以て他者と親愛にあふれた美しい相生関係を結ぶように導き励ます力動的な感性の意味で用いたい。このアイステーシスの具体例を今イエス・キリストの生で示してみよう。彼は神の子・御言であるにも拘らず、人間（肉身・サルクス）に受肉し、罪深い醜悪な人間の隣人となって、十字架刑に至るまで身を挺して人間に仕え相生した。その生涯は単に善であるというよりも美しく、限りなく美を体現した。それはどういうことだろうか。

われわれはここでニュッサのグレゴリオスの『雅歌講話』第十五講話[45]の解釈の力を借りて考察してみよう。

彼はまず「雅歌」六・4を引用する。「わが佳人よ、あなたは善き思いのように美しく（kalē）、エルサレムのように麗しく（hōraia）、秩序立てられた軍勢のように驚異（thambos）だ」と。花嫁の美しい善き思いとは、何よりも善き思い故に、血と肉に身をゆだね、僕の姿をとり（「フィリピ」二・7）、世の命のため自らを代価として与え貧しくなり（「二コリント」八・9）十字架上で死したイエス・キリストの模倣なのである。だからそのキリストは善き思い故に正しく美しいのである。そして花嫁に数えられるパウロは、同胞の救いのためなら、キリストと神からさえ見捨てられるように祈っている（「ロマ」九・3）。従って先述の花嫁に御言である花婿から語られた言葉は、そのまま善き思い故に受難したパウロにあてはめられる。だから彼の霊魂の美しさとは主の美しく善き思いを体現する美に外ならない。

こうしてイエスのケノーシス（自己無化）の極みである十字架こそ、パウロの受難の魂を美しくしつつ、イエス自らの善き思いの結実として美しいといわれる。これが初期アウグスティヌスが語ったようなギリシア的美、すなわち他を魅了するだけの形相と適合の美の真逆をいく十字架の美であり、それは他者との出会いと相生に向けた無限な愛の地平を切り拓く。ただしここでわれわれに副題が深刻な問いをつきつけてくる。それはどういうことだろうか。それは愛と真逆な醜悪の問題である。

われわれはトマスにおける親和的認識論の解説において、トマスが傲慢が親和性とそれによる認識を妨げる醜悪であることを指摘した。傲慢がサタン的であることをも。

しかしその傲慢の根をさらに暴き示しているのが、「創世記」三章におけるいわゆる原罪の物語なのである。すなわち、物語では蛇が女に対し、禁じられた善悪を知る木の実を食べるよう誘惑するのであるが、その際彼のセリフの核心は「それを食べると……神のようになる」（三・５）である。実に人間が神のようになり、一切を支配し他者を真の神から背反させ偶像とその物質文明の繁栄に目をくらませ、破壊させるという自我とその欲望こそ、傲慢の根なのである。この傲慢から資本主義や帝国主義、また第二次大戦を引き起こしたヒトラー的全体主義そして今日の核戦争の危機などに至る終末論的暴力的歴史が展開し、われわれは今日その只中にあって、この醜悪とその根にある我意をどのように克服するのかという方策も見出しえないまま唖然としているといえよう。

この危機に直面してわれわれは再び問う勇気をいだこう。どのような実践や思想あるいは他者の物語りを通してこの危機を過越してゆけばよいのか、と。

この問いを以て次に旧約聖書の中に、親和性の源泉、親和的知、親和的相生のひらけと共にそれを滅尽しようとするサタン的自我と醜悪の消息を探究してゆきたい。

註

（1） connaturalitas の訳語「親和性」は、稲垣良典著『トマス・アクィナス哲学の研究』（創文社、一九七〇年）から借用した。氏の「親和性による認識」は、同著第五章を御照覧あれ。

（2） 象徴的解釈は、アレゴリー的解釈ともいえ、例えばギリシア教父が旧約「雅歌」中の若者（花婿）をキリスト、乙女（花嫁）を霊魂あるいは教会協働体と解釈する方法である。拙著『出会いの他者性』（知泉書館、二〇一四年）第六章の『雅歌講話』論を参照されたし。

（3） これ以後『告白』の巻・章・節の省略法は、例えば六巻四章六節の場合、六・四・6と表記する。

（4） 『*Enneades*』（エンネアデス）は、プロティノスの全著作の名称で、弟子のポルピュリオスがテーマ的に関連する論文を「エンネアス」（九篇一組）とし、それを六エンネアスとして全著作を編集した五四篇に及ぶ哲学的作品。

（5）御言がアウグスティヌスの「はらわた」を浄め「横隔膜」を突破し「心」に住みつき回心をもたらすまでの霊的心理的身体的経過を明らかにしたアウグスティヌス解釈史上の金字塔である次の論文を参照。加藤信朗「Cor, praecordia, viscera」、『中世思想研究』Ⅸ、一九六七年。

（6）「霊的感覚」は、人間の霊と身体の全体で神的な事柄を感覚する親和的知覚で、ニュッサのグレゴリオスなど教父がよく用いる。

（7）ヘブライ語動詞ヤーダは、男女の親和的性的知（「創」四・1）、神が預言者を誕生以前に知る知（「エレ」一・5）、契約における民の神に関わる知（「同」三一・31以下）など深い親密な知を意味する。その新約的反照は、例えば父と御子と弟子の親和的な相互の知にみられる（「マタ」一一・25以下）。

（8）*S. Th* II-II, 162, 3, ad 1.

（9）ラテン語では、lucifer で lux（光）を ferre（運ぶ）ものの意で、明けの明星を指す。マソラ・ヘブライ語テキスト「イザ」一四・12（ああ、お前は天から落ちた、明けの明星、暁の子よ）のウルガタ・ラテン語訳では「明けの明星」が「ルチフェル」と訳され、教父たちは「ヨハ」八・44などによって、これをサタン・悪魔と同一視した。

（10）*Creative Intuition in Art and Poetry*, Third Revised Impression. The Harvill Press, 1955 参照。

（11）*Ibid*, It is by means of such a spiritualized emotion the poetic intuition which in itself is an intellectual flash, is born in the unconscious of the spirit; p. 123.

（12）*Distinguer pour unir ou Les Degrés du savoir*, 5eÉdition, Desclée de Brouwer, Paris, 1946.

（13）*Ibid.*, pp. 671-672.

（14）十字架のヨハネ思想を瞥見するため次の拙著を参照されたい。『言語と証人』東京大学出版会、二〇二二年、一八八—一九九頁。
（15）Anne Mars, *Le Cantique des Cantiques: Du Roi Salomon à Umberto Eco*, Anthologie, Cerf, 2003.
（16）オリゲネスが七十人訳聖書本文批判を目指して七十人訳を中心に五か国語の対訳を並べ作製したもの。ヘブライ語、ギリシア語音訳、アクイラ訳、シュマコス訳、七十人訳、テオドティオン訳が併記されている。
（17）われわれは次の山下訳を利用させていただいた。山下房三郎訳『雅歌について』（一）、あかし書房、一九七七年。
（18）"Ambroise de MILAN," S.C. 25bis. S.C. は、Sources Chrétiennes の省略表現。
（19）*Ibid.*, p. 123.
（20）*Ibid.*, pp. 175-79.
（21）『モーセの生涯』の原典は次著を参照した。Gregorii Nysseni Opera Omnia, ed. W. Jaeger, H. Langenbeck, vol. VII, Pars 1. *De Vita Moysis*, ed. H. Musurillo, Leiden, E.J. Brill, 1944. Grégoire de Nysse, *La Vie de Moïse*, ed. J. Daniélou (Sources Chrétiennes, 1), Paris, 1968.『雅歌講話』の原典は、次の書を参照。Gregorii Nysseni Opera vol. VI, Gregorii Nysseni, *In Canticum Canticorum*, ed. H. Langerbeck, curavit W. Jaeger, Leiden, E. J. Brill, 1960.
（22）『雅歌講話』（大森、宮本、谷、篠崎、秋山訳）新世社、一九九一年、一〇五—〇七頁。
（23）『右同』一〇七—一〇頁。
（24）マソラ・ヘブライ語旧約聖書版では、この21節は「雲」となっているが、七十人訳では「暗黒」（gnophos）と表現されている。

(25)　ここらのテキストでは、グレゴリオスは「否定神学」的方法を用いて神的本質（ウーシア）の認識超絶性を明示している。この認識超絶性は、神の無限性へと展開してゆく。
(26)　グレゴリオスは神の本質（ウーシア）に対する人間の知や意志による関与不可能性を示すと同時に、人間の参与可能な面をエネルゲイアとし、神と被造的世界をつなぐ創造、契約、教会史、人間の聖化、協働体のカリスマによる形成、親和的心と絆の育みなどに働きかける（エネルゲイン）恩恵的力動を樹立した。この神の本質（ウーシア）とエネルゲイアの区別については『雅歌講話』二七一―七四頁参照。この点で次著を特記しお勧めしたい。V・ロースキィ『キリスト教東方の神秘思想』（拙訳）勁草書房、一九八六年、第四章「創られざるエネルギー」。
(27)　パウロは偶像を生命を虚しくするエイドーロン（幻想・虚無）として拒否し、生命を与える真実在の神を愛するよう勧めている（「一コリ」八）。
(28)　没薬と乳香については、『雅歌講話』中、一五四頁、二八〇―八二頁、三三〇―三二頁を参照されたい。
(29)　『形而上学』（出隆訳、岩波文庫）、ラムダ（第十一）巻。
(30)　『ニコマコス倫理学』、第十巻第七章。
(31)　Grégoire le Grand, *Commentaire sur le Cantique des Cantiques*, S.C. 314, 1984.
(32)　大貫隆訳注（聖書外典偽典　別巻　補遺Ⅱ）教文館、一九八二年。
(33)　「雅歌」三・4
(34)　*Exposé sur le Cantique*, S.C. 82.
(35)　サクラメント（秘跡）にあっては、受肉したキリストが恩恵を秘めて救いをもたらす在り様を原サクラメントと呼ぶ。その場合、原サクラメントは、キリストの不可視な恩恵とそれを秘めもたらす受肉の可見的しるしから成る秘跡一般から分別される。こうして原サクラメントに倣って恩恵と感覚的しるしを区別し、かつ両者を結ぶ在り様がサクラメントと呼ばれる。例えば洗礼のサクラメントでは、水がしるしで回心新生が神秘・恩恵となる。最も重要なサクラメントであるエウカリスティア（聖餐）にあっては、ミサ聖祭におけるパンとぶどうの両形色がしるしとなり、祭司の聖別を通してその両形色にキリストが恩恵的実相として現存する。そしてこのキリスト現存の実相がまたしるしとなり、そこで示される第二の恩恵的実相は、裂かれたパンを食べた人々の教会協働体的な一致とされる。

(36) 「前掲」山下訳中の「説教」Ⅶ2.

(37) マクデブルクのメヒティルト（一二〇七頃―八二頃）。メヒティルトは幼女期から神の幻視体験、愛に溢れる神のあいさつに恵まれ、一二三〇年にマクデブルクのベギン協働体に入った。彼女の贖罪司祭ドミニコ会士の勧めによって自らの霊的生活を証しした『神性の流れる光』を著した。晩年はヘルフタの女子修道院で過ごし、ヘルフタのゲルトルートの神秘主義文学の著作に大きな影響を与えた。

(38) 「前掲」注（18）のAnthologie中のヘルフタのゲルトルートの原文をも参照されたい。

(39) アビラのテレサ（一五一五―八二）は、スペインの女性神秘家で、十字架の聖ヨハネの協力によって各地で改革カルメル会の創成と育成に力を尽した。『霊魂の城』『完徳の道』などの著作は今日に至るまで観想生活を求める求道者たちの霊的指針となっている。

(40) 本テキストには、『霊の賛歌』（東京女子カルメル会訳、ドン・ボスコ社、二〇〇八年九刷）を用いさせていただいた。

(41) ボシュエ（一六二七―一七〇四年）は、フランスの神学者で、王権神授説を説きフランス王政を支持し、ローマ教皇に対してフランス教会の独立を主張（ガリカニスム）。またキエティスム的神秘主義を批判し、フェヌロンなどと論争した。

（42） Julia Kristeva, *Histoires d'amour*, folio essais, Éditions Denoël, 1983.

（43） この点をアリストテレス哲学研究を土台にして看破し博士論文を通して示したのが、井上忠であった。「アリストテレスの『有』把握——第一の実有をめぐって」『根拠よりの挑戦——ギリシア哲学究考』東京大学出版会、一九七四年。

（44） 服部土芳『三冊子』中「赤冊子」八．「師のいはく〈乾坤の変は風雅のたねなり〉」。

（45） 「前掲」『雅歌講話』三六二—六四頁。

第二章　旧約聖書が語る美・愛と醜悪の実相

われわれが扱う旧約のテキストは、「モーセ五書」では主に「創世記」と「出エジプト記」、預言書では、北イスラエル王国と南ユダ王国が滅亡し民が捕囚にあった、いわば滅尽・無化の時代を生きたホセア、エレミヤ、第二イザヤの生涯に関わるテキストである。それではまず「創世記」から始めたい。

第1節　創世記

われわれは旧約テキスト・殊に創世記を前述の親和性探求のために読解・解釈するに際して、いわゆる文書資料仮説を方法としない。この仮説によれば、一―二・4aに至るテキストは祭司文書（P）に由来し、また男女の創造や堕罪を大略描いた二・4b―三・24は、ヤハウィスト（J）

によるとされる。われわれはこの客観的三人称記述の伝承史的な聖書分析に替えて、物語り論的方法（narratology）に拠る。(1) なぜなら物語り論は、一つの物語り単位を読みながら、そこに登場する人物、殊に主人公の「誰」に注視して、その「誰」と読者わたしとの対話、共鳴、時には一体化を通して「わたし」の生の意味や変容、他者関係や相生の地平を披こうとする読み方であり、そこには必ずや読者の善悪いずれかへの変容が伴う。それだけにその変容が歪んだ、破滅的な方向をとるか否かについては常にチェックが必要なわけである。伝承史的方法は「何」とその意味を問い、こうした「誰」「わたし」を直接的にその核心に組み込まない。

①　一章1節―二章3節

この点を念頭において、われわれは創世記の善美および親和と醜悪について、一―三章を読み、その解釈の結実を今示してゆきたい。

一節、まず善美および親和を示すテキストを次にあげて説明しよう（一・1―二・3a）。

一章　初めに、神は天地を創造された。地は混沌であって、闇が深淵の面にあり、神の霊が水の面を動いていた。

神は言われた。「光あれ。」

こうして、光があった。神は光を見て、善美とされた。神は光と闇を分け、光を昼と呼び、闇を夜と呼ばれた。夕べがあり、朝があった。第一の日である。

神は言われた。

「水の中に大空あれ。水と水を分けよ。」

神は大空を造り、大空の下と大空の上に水を分けさせられた。そのようになった。神は大空を天と呼ばれた。夕べがあり、朝があった。第二の日である。

神は言われた。

「天の下の水は一つ所に集まれ。乾いた所が現れよ。」

そのようになった。神は乾いた所を地と呼び、水の集まった所を海と呼ばれた。神はこれを見て、善美とされた。

神は言われた。「地は草を芽生えさせよ。種を持つ草と、それぞれの種を持つ実をつける果樹を、地に芽生えさせよ。」

そのようになった。地は草を芽生えさせ、それぞれの種を持つ草と、それぞれの種を持つ実をつける木を芽生えさせた。神はこれを見て、善美とされた。夕べがあり、朝があった。第三の日である。

神は言われた。

「天の大空に光る物があって、昼と夜を分け、季節のしるし、日や年のしるしとなれ。天の大空に光る物があって、地を照らせ。」

そのようになった。神は二つの大きな光る物と星を造り、大きな方に昼を治めさせ、小さな方に夜を治めさせられた。神はそれらを天の大空に置いて、地を照らさせ、昼と夜を治めさせ、光と闇を分けさせられた。神はこれを見て、善美とされた。夕べがあり、朝があった。第四の日である。

神は言われた。

「生き物が水の中に群がれ。鳥は地の上、天の大空の面を飛べ。」

神は水に群がるもの、すなわち大きな怪物、うごめく生き物をそれぞれに、また、翼ある鳥をそれぞれに創造された。神はこれを見て、善美とされた。神はそれらのものを祝福して言われた。

「産めよ、増えよ、海の水に満ちよ。鳥は地の上に増えよ。」

夕べがあり、朝があった。第五の日である。

神は言われた。

「地は、それぞれの生き物を産み出せ。家畜、這うもの、地の獣をそれぞれに産み出せ。」

そのようになった。神はそれぞれの地の獣、それぞれの家畜、それぞれの土を這うものを造られた。神はこれを見て、善美とされた。
①神は言われた。
「我々にかたどり、我々に似せて、人を造ろう。そして海の魚、空の鳥、家畜、地の獣、地を這うものすべてを支配させよう。」
③神は御自分にかたどって人を創造された。
神にかたどって創造された。

男と女に創造された。

神は彼らを祝福して言われた。

「産めよ、増えよ、地に満ちて地を従わせよ。海の魚、空の鳥、地の上を這う生き物をすべて支配せよ。」

神は言われた。

「見よ、全地に生える、種を持つ草と種を持つ実をつける木を、すべてあなたたちに与えよう。それがあなたたちの食べ物となる。地の獣、空の鳥、地を這うものなど、すべて命あるものにはあらゆる青草を食べさせよう。」②そのようになった。④神はお造りになったすべてのものを御覧になった。見よ、それは極めて善美であった。⑤夕べがあり、朝があった。第六の日である。

二章　天地万物は完成された。第七の日に、神は御自分の仕事を完成され、第七の日に、神は御自分の仕事を離れ、安息なさった。この日に神はすべての創造の仕事を離れ、安息なさったので、第七の日を神は祝福し、聖別された。

このテキストは、一章冒頭の天地創造における混沌および闇の支配と創造の七日目における完成および神の安息とによって括られた括り構造をもつ一つの物語となっている。

その物語には、六日間の創造の業が語られているが、その一日とはわれわれが日常暦や時計で測る二四時間ではなく、一つの創造の業を意味する。さらに言えば、各々の創造の業は、①言葉による創造〈言った、神〈エローヒーム〉が〉、②創造の定句〈そのようになった〉、③創造の具体的生起の描写、④被造物に対する神の親和的賛嘆〈善美だ〉、そして⑤日数の表示の五つに分節化され、その分節化の順序もほぼ①→⑤の順となっている。例外は、六日目の人間創造の業にみられる。ここで六日目の人間創造の業について①→⑤のしるしを付してみたので、読者諸賢も各業について①→⑤の分節作業を試みられると、このテキストの整合性・調和とさらに美しさも実感されるに違いない。

この創造の中心をなすのはやはり人間の創造であろう。人間といっても男と女の一対が神にかたどって、いわゆる神の似像（imago Dei）として創造された。それはどのような意義をもつのか。今やその意義を辿ると、男女は原像である神に似ていることから、男女も神のように言葉を語り聞き（〈一・28、神は彼らを祝福しそして言われた〉において、〈言われた〉ことを彼ら男女が聞くことが示されている）、新しい善美な世界創造に参与し、そこに親和して生きるわけである。しかも子孫を増やし、その子孫は増々世界の善美な創造を進展させていく。以上でわれわれは世界と人間との善美および親和性について示しえたと思う(2)。

二節、それではその真逆をいく醜悪とはどのようなものなのかが問われる。次の問いは醜悪の実相に関わる。われわれはこの問題を二つに分けて考察したい。一つは、女を誘惑するために用いられた蛇の言語用法、二つは、蛇の言葉が女の中に情欲（ネフマド）などの欲望を引き起こした経過である。

②　蛇の言語用法[3]

蛇はエデンの園におかれたアダムに語った神の言葉の否定に全力を傾注する。神はアダムにまず恵み深い言葉「お前は園にあるどの木の実を食べてもよい」（二・16ａ）を語る。「しかし、善悪を知る木の実を食べてはならない。それを食べると、必ず死ぬ」（16ｂ）という禁忌条件を加える。

それはアダムが園の木全体を自己の所有にして、園で全能の神のように振舞うことへの警告であると共に、自分自らを神にすることで人間として破滅し死ぬことに対する警告ともなっている。蛇はまずこの神の恵み深い言葉（16ａ）を否定する。「神が〈お前たちは園にあるどの木の実も食べてはならない〉と言ったのか」と。続いて神の警告（16ｂ）を否定して「あなた方は死なない」と言う。そして「善悪の木の実を食べるとあなた方は神のようになる」という決定的な、創造秩序全体を引っ繰り返す言葉を告げる。

この蛇の言葉は、神の言語とその用法の虚無化といえる。つまりそれは先述の第一章で顕現した世界の善美とそれへの親和的関わりの醜悪化なのである。われわれはここでオリエントにおける蛇の史的伝承や資料によるのではなく、物語り論的に蛇の正体を解釈する。蛇は三章で突如として姿を現わし、その出自も不明である以上、「誰・何」であるか解らない。つまり彼の物語り論的自己同一性は謎のままで、その虚無性だけが際立つといえる。それは、蛇が虚無そのものであり、サタン的醜悪であることを示す。

この蛇による神言語の虚無化が伏線となって女が善悪の木の実を食べる筋道が敷かれたわけであるが、われわれは次に蛇の言葉が女に木の実を食するような情欲（ネフマド、タアヴァー）を引き起こし実際に食べさせた経過を考察しよう。

③　女の情欲(4)

さて蛇はさらに女を誘惑し続ける。ここでわれわれは蛇の誘惑の言葉とその言葉に応じて変化する女の心や態度にある対応的並行関係を見出す。その平行関係を大略次に図示してみよう。
A．三・5　蛇が女に言う「神が知っていること」
㋑その木の実を食べると㋺お前たちの目が開け㋩お前達は善悪を知るであろうこと
B．三・6　女は木を見ると
㋑その木の実は食べるのに善美（トーヴ）で㋺それは目にとって欲ましく（タアヴァー）㋩賢くなるように情欲（ネフマド）を駆り立てた

図を見ると、㋑㋑′で「食べる」が共通であり、㋺㋺′では「目」が、㋩㋩′では「知る、賢い」が共通となっており、これは蛇の言葉に対応して、女の心に木に対し㋑′善美と感ずる情動がわき起こり、それが㋺′欲望そして㋩′情欲に転じて、その結果木の実を食し、男にも与える結末を招来するわけである。以上の並行関係がその経過を示す。

この全知全能へのネフマドによって、神と人間、男と女、人間と自然の関係が破滅し、この世界に死が入り[5]天地人界は災厄にみたされてゆく（カインによる弟アベルの殺人、ノアの洪水、バベルの塔の建造など）。この善美と醜悪の物語はまた別の歴史物語（アブラハム物語など）によって引き継がれ旧約物語の主流となる。

以上われわれは創世記における善美および親和性（一章）とサタン的醜悪（三章）について解釈し語ってきたので、次には「出エジプト記」にあっても同様の目論見や考察を通して解釈してゆく。

第2節　出エジプト記

われわれは「出エジプト」物語り全体を概観し、その文学的筋立や特徴を浮彫りにすることを通し、物語り論的に主人公であるヤハウェ神とモーセおよび奴隷だった民の言語的振舞いに主な注視と解釈的眼差しを向けていきたい。

出エジプト物語りの荒筋を示せば、それは大略次のような歴史となる。エジプト帝国で奴隷にされていたヘブライ人（イスラエルの民）が、預言者モーセに率いられ、エジプト王ファラオの妨害を乗り超えて出エジプトの解放を実現した（一・1―一五・21）。続いていわゆる四十年にわたる荒野の旅で民には新世代が生まれ新生しつつも、その旅の困難（食料欠乏、他部族の攻撃、仲間の争いなど）で民が神とモーセに「つぶやく」ことが頻りであった（一五・22―一八・27）。だが遂にシナイ山に至り、そこで神と民は物語りの中心となるシナイ契約を結ぶ。契約時に、十誡を主とする「律法」が与えられ、その他幕屋や祭司に関する諸規定が命じられる（一九―四〇）。最後に契約締結のしるし・結びとして民は食事をした（二四・11）。「出エジプト」は以上のような解放の歴史を描いている。

この歴史におけるヤハウェ神、モーセ、イスラエルの民の愛および親和と醜悪について次に考究を続けていこう。そのために、ヤハウェ神に関し想起、神名、契約の三テーマを通してその諸々の振舞い・性格などを考察する。

①　想起・記憶・記念（zikkāron）について

「出エジプト記」には、「記憶」がヤハウェ神の歴史転換的で重大な働きや意志と関連して語られる。エジプトにおけるイスラエルの子の呻きを聞き、神はアブラハム、イサク、ヤコブとの契約を想起された（二・24）。この想起がイスラエル人奴隷解放の決定的要因となる。次に主がエジプトの初子をすべて打ち殺す時に、羊の血を家の戸口に塗ったイスラエルの民の家を過越し、民の初子と民を救ったが、その解放を祝う過越祭についても「記憶」は用いられる。すなわち、主はモーセに次のように語る。「この日はお前たちにとって記念すべき日となる。お前たちはこの日を主にささげる祭りとし、代々とこしえに掟として、これを祝わなければならない」（一二・14）と。またエジプト脱出が緊急であり、酵母（イースト菌）を入れないパンを食べたこととイスラエルの初子を救ったこととを記憶すべく次のように命じられている。「これを手の上の徴とし、また額の上の記憶とし、主の教えを口ずさまなければならない」（一三・9、16）と。

このように神の記憶が救済的働きをもつことは、ノアの洪水が治まる契機が神の記憶であったことが典型的に示している。「神はノアを……思い起こされた。そこで神が地上に風を送られると、水は治まった」（「創世記」八・1）と。

他方で過越の祭に関しては、一三五年以降世界に離散放浪（ディアスポラ）となったイスラエルの民は、アフリカ、ロシア、東欧、スペインなどの離散の地で過越の祭を年々挙行してきた。その詳細は『過越祭のハガダー』に窺える。(6) すなわち、この教訓的物語・説話であるハガダーにおいてまず一家の主人は、マツァ(種なしパン)の皿を持ち上げて言う。「見よ、これはエジプトの地でわたしたちの先祖が口にした苦しみのパンである。……すべて貧しい者は来て過越祭に与りなさい。今年はここにいるが来年はイスラエルの地にいるであろう」と。そうすると子供は父親に、マツァや苦菜を立ったまま食べる意味を尋ねる。父親は出エジプトの過去を想起して答える。ここで重要なのは次の答えで明らかとなる想起・記憶の意味である。

一　いかなる世においても、だれでも自分自身がエジプトから脱出したもののように思わなければならない。「その日あなたの子に告げて言いなさい、『これはわたしがエジプトから出るときに、主がわたしになされたことのためである。』」と記されている。聖なる者にしてほむべきお方は、私たちの先祖を救われただけでなく、彼らと共に私たちもお救い下さったのである。「われわれをそこから導き出し、かつてわれわれの先祖に誓われた地に入らせ、それをわれわれに賜った。」と記されている。

このハガダーのテキストは、記憶が一般でいう心理的想起ではなく、現実に過去の解放が現在に現前化する現前的出来事だということを明確に示している。すなわち、過越の祭を記憶しそこに参加する人々は、その祭の解放的事件を、今ここにおいて体験し、未来におけるさらなる解放に向かって生きるわけである。だからハガダー物語は、歴史を通してディアスポラの人々の相生を創り、物語り論的自己同一性の機縁ともなってきている。

因みにこの旧約的過越の記憶は、新約では「世の罪を除く神の子羊」（「ヨハネ」一・29）であるイエス・キリストが十字架にかかりいわば過越の「子羊」のように血を流し、人間の罪の贖いとなって死んだ新しい過越として解釈・記憶された。すなわちわれわれ罪人を救う新たな過越しを実現した記憶（anamnēsis）としてミサ聖祭でその記憶が世々にわたって祝されている。

いずれにしても記憶は神が醜悪な人間を愛し、相生・親和する核心的働きといえる。

②　出エジプト物語りにおける神名について

神名は出エジプトだけに止まらず、旧約と新約の全体にわたって示されているが、その神名の根源的意義は、「出エジプト記」三・14「エヒイェ　アシェル　エヒイェ」に見出されると言っても過言ではあるまい(7)。

それはどういうことであろうか。

エローヒーム神（ヤハウェ神）が、奴隷の民の叫びを聞き、アブラハムなどの契約を想起した時、民を解放するためモーセを召命した。その時モーセは、神名の啓示を求めたのである。なぜなら、民は神の名が何かと問うに相違なく、モーセが答えられなければ信用されないと神に迫ったからである。実に当時「神名」とは一般に、その担い手の本性や力を表現すると考えられており、相手の名を知ることはその相手を支配し影響を与えうることに外ならなかった。だから神名を知れば、神を意のままに動かしうる。民はそう考えて、モーセを通じ神名の啓示を求めたわけである。

そこで啓示された神名は、殆ど理解不可能な不思議な名であった。先述の神名にあって「エヒイェ」は、ヘブライ語の未完了一人称存在動詞であり、「アシェル」は、関係代名詞とも接続詞とも理解できる。その場合に、アシェルを前者ととると神名は「わたしは在るだろう、そのわたしは在るだろう」と訳し得、後者ととると「わたしは在るだろう。だからわたしは在るだろう」と訳しうる。いずれにしても不思議な表現で、完全にその意味を了解することはできない。それでもこの神名について次の三点の性格を指摘しうると思われる。

その第一点は、この神名が完全な理解や解釈を拒むという点に注目すると、それは神が民に自らを完全に知らせず、従って民が神名を己れの利益に向けて使用しないようにすること、つまり民と魔術的な従属関係に入ることを拒んだという点を示そう。言いかえるならば、神は愛と自由を通して民と親和交流し恵みを与え、その恵みに応えて民も自由に神を礼拝して親和的相生に生きるという神意を示すのである。

その第二点は、奴隷の民の解放という文脈において、三・14と15の神名に並行関係が見出されることである。今その並行関係を図示の形で記そう。

14　エヒイェがわたしをあなた達のもとへと遣わされた。

15　アブラハムの神、イサクの神、ヤコブの神であるヤハウェがわたしをあなた達のもとへと遣わされた。

このようにして見ると、両主部にあってエヒイェとヤハウェが対応し、ヤハウェはエヒイェの三人称の名として、エヒイェの動態、つまり民を愛し救おうとする働きを秘めている神として解されるのである。こうして出エジプト物語りに頻出する神ヤハウェは、天に鎮座します絶対不動の、いわばアリストテレスのいう不動の動者ではなく、歴史の中に入りこみ最も弱い奴隷のような他者に向けて存在する愛、親和そのものと言えるであろう。そこでわれわれは、このような動的な他者志向性を現わすエヒイェを「存在」と呼ばず「脱在」と呼びたい。それは存在の「存」を捨て去り、実体的意味をもつ「在」を脱してゆく脱自性を表現するためである。[8] この点は次のエヒイェ理解からも明らかである。

その第三点は、三・12で神はモーセに対して「エヒイェ（脱在する）、お前と共に」と語っている点である。つまり、エヒイェは「共に脱在する」のであり、それは彼がすでに「アブラハムの神、イサクの神、ヤコブの神」（三・15）として「共に脱在し」[9] て来たのみならず、現在も（四〇・34―38）将来もインマヌエル（神はわたしと共に脱在する）として共に脱在し続ける地平をも披いている（「イザヤ」七・14、「マタイ」二八・20）。ここでこの「共に脱在する」の極みを指摘すれば、それは神のロゴス・キリストが「人間と共に脱在する」べく、人間に成るという受肉とイエスの相生的生に外ならない。

③ シナイ契約について

神が民と共に脱在してあり続けることの具体的で典型的な様式は契約（ベリート）であろう。契約によって神と民は、夫と妻のように結ばれ相生する。だから契約違反は、特に預言者によって姦淫と呼ばれるのである（「ホセア」二・4―15、「エレミヤ」三・1―14など）。契約には、ノア契約（「創世記」九・8―17）、アブラハム契約（「同」一五・17）、ダビデ契約（「サムエル下」二三・5）、新しい契約（「エレミヤ」三一・31―34）など時代と民の境涯に従って多彩であるが、いずれも神の一方的な回心への呼びかけと恵みを示して、新しい神人関係を創出し、新しい時を披こうとする。ところでモーセによってシナイ山に導かれたイスラエルの民は、神と十誡遵守を含む双務的契約を結んだ。双務的というのは、モーセが告げた主のすべての法を民が実行するなら（二四・3）、神は民に諸々の具体的恵み（糧や水を与え、病を取り除き、不妊の女をなくし、広大な領土を与えるなど、二三・20―31）という神と民の双方がコミットする契約である。シナイ契約だけが、双務的なのである。

ここでシナイ契約の法の中心となる、いわゆる十誡について簡単にふれて契約の内実を明らかにしておきたい(10)。

十誡は一般に十の掟として受け取られているが、ヘブライ語では「十のことば」ドゥバーリームを意味し、ダーバール（ことば）の複数形ドゥバーリームが用いられている。それは直ちに戒律を意味するわけではない。この「十のことば」の構造を大略示せば、その大前提「わたしは主、あなたの神、あなたをエジプトの国、奴隷の家から導き出した神」が宣言され、響きわたる。続く一―三のことばは、偶像の禁止、主の名の尊崇など神に関わる。四―十のことばは、安息日聖別の規定および父母への尊敬を除くと否定を表すロー（lōʼ）と動詞の未完了形の結合形となっている。従来はこの結合形を「―するなかれ」と訳してきたが、日本旧約学の泰斗関根正雄氏によると(11)、それは本来的に「―ではありえない」を意味するのだという。例えば一般的な訳「殺してはならない」の本来的意味は「殺すことはありえない」となる。それはどうしてか。それは、出エジプトの神に従う協働体にあっては、兄弟相互の愛と親和を破滅さす行為は生じないからなのだ。関根氏はその点を次のように指摘しておられる(12)。

「霊的な生命共同体が前提されていて、それが〈―することはないのだ〉という、いわば外界に対してある限界を設け、外界に対する内側の生命の確保を否定の形で述べているのであると解したい」と。

このように考察すると「十のことば」を核心とするシナイ契約にあっては、神と民の双務的関係とは正に愛と親和性の溢れの意味であり、他方でこのことばが掟として厳しく課される時とは、民がその高慢によって兄弟から盗んだり偽証をしたり果ては殺人を犯すような醜悪に陥る時に外ならない。

以上からシナイ契約の実相が了解されるであろう。

④　金の子牛事件と偶像（三二・1－30）

シナイ契約締結後、モーセは主に呼ばれてシナイ山に登った。そこで神から十誡を刻んだ石板を授けられるためであった。彼は四十日四十夜山に留まった（二四・12―18）。

モーセが山からなかなか下りてこないので、民はモーセの兄アロンの許に集い、「我々に先立って進む神々を造ってくれ」と懇願した。そこでアロンは民がエジプトから奪い取ってきた金をもってくるように命じ、その金を鋳て若い雄牛の鋳像を造った。民はこの鋳像と契約を結び、飲み食いし、戯れ合った。

モーセはこの事態を主から告げられ、下山し、主が十誡を刻んだ二枚の石板と共に金の子牛を砕々に打ち砕いた。そして偶像を崇拝した民三千人がレビ人によって滅ぼされた。

この偶像崇拝は民の中から死者が出るほど醜悪であった。そこで今偶像について少々考察してみよう。十誡にあって主を否んで偶像を崇拝する行為は禁じられている（二〇・4―5）。主がエヒイェとして、つまり脱在として民と共に在って恵みを施す実在であるのに反し、偶像はこの主の否定である限りそれに追随する民を物語に描かれたように悲惨な破滅に陥れる虚無である。かの蛇に似たサタンともいえる。

新約でパウロは偶像礼拝者に警告し、偶像をエイドーロンと呼んでいる（「一コリント」八、一〇・1―22)。ギリシア語のエイドーロンの原義は、やはり幻想とか虚無であり、人間が自分の夢と望みをたくして真実在とする限りで偶像にすぎない。だからパウロはエイドーロンが幻想である限り、それは真実在し十字架と復活によって罪人たる人間を愛し救った神への信仰に真逆であると強調するわけである。その流れは宗教批判の形で継承された。すなわち、一九世紀近代にあってL・フォイエルバッハは、その著『キリスト教の本質』において神とは人間の類的本質(愛、正義、意志など)が凝集、実体化されたものであり、人はこの神を崇拝することによって逆に真の人間本質から疎外されると主張した。その意味でキリスト教の神は偶像であると批判した。以上「出エジプト記」に基づいて、パウロを参照しつつ偶像論を説示してみた。

われわれはこれまで「モーセ五書」(トーラー)中傑出した「創世記」と「出エジプト記」における愛および親和と醜悪に関し考究を深めてきた。それでは次に預言者とそのテキストから幾つか選んで同様に考究したい。預言者は北王国イスラエルで活躍したホセアそしてエルサレム陥落(前五八七年)および捕囚という悲劇を生きた南王国ユダの預言者エレミヤ、加えて遠くバビロンの地で故郷パレスチナへの帰還に向けて捕囚の民に希望を与えた第二イザヤが取り上げられる。

第3節　ホセア　前八世紀後半

ホセアは北王国イスラエルで活躍した預言者である。民が偶像バアル崇拝に熱をあげ、すでにシナイ契約を破棄したことを批判し（八・1）、北王国の滅亡を預言した（一・4）。しかし彼は滅亡の彼方に、神が民とだけでなく、動物も含めた新しい契約を結ぶヴィジョンを告知している（二・20―22）。

彼の預言で非常に特異な点は、ゴメルとの結婚と彼女の裏切りによる結婚の破綻そして彼女との再婚の物語りが核心となっていることである（一―三）。繊細な感受性をもつ詩人ホセアは、彼女の裏切りによって絶望し、彼女との間に生まれた三人の子供を呪う。彼女は、多くの愛人たちの後を追い、金銀の飾り物をさえ彼らにささげる程姦淫の醜悪に沈んだ。その醜悪を目の前にしたホセアはどうしてその悲劇に耐えられよう。

このホセアの悲劇の真偽に関し、三つの学説・意見が存在する。[13] 一つ目は、この出来事が夢やヴィジョンの中で起こったもので現実の生活上のものではないとする考え。二つ目は、それがアレゴリーや譬え話であるとする考えであり、三つめは、それがホセアの生涯に現実に起こったことだとする考えである。

われわれとしてはいずれをとるかという、恐らく決着のつかない議論に入らずに、むしろ愛・親和と醜悪の視点で物語論的にホセアの悲劇を観想してゆきたい。

その際われわれの問いの中心や課題は、どのようにしてホセアが自らの悲劇の中に絶望から脱して、自らの悲劇をどのように預言という希望を与える文学的倫理的類型に止揚して語りえたのかという点にある。鍵はやはり愛にあろう。

その鍵をわれわれは次の主の親和的言葉に探ろうと思う。

主はわたしに仰せになった、

再び言って、情夫に愛されている女、姦通を行う女を愛せよ。イスラエルの子らはほかの神々のほうを向き、ぶどうの菓子(14)を好んだが、主は彼らを愛したではないか」(三・1)。

この主の言葉は広大な神の愛を告知する。すなわち、主はかつて奴隷としてエジプト帝国で呻吟していた民を解放し、シナイ契約を通して乳と蜜の流れる約束の地に導いた。だが約束の地で建国された国は北イスラエルと南ユダに分裂し民は偶像バアル崇拝に陥った。そのため当時(前八世紀前半）、中東に覇権を握っていたアッシリアによって北王国イスラエルは滅亡に至る（前七二二年）。その歴史の経過を次の主の言葉が鮮明に表している。

十一

1　イスラエルが幼子のころ、
わたしは彼を愛した。
わたしはわたしの子をエジプトから呼び出した。
2　しかし、彼らは呼べば呼ぶほど、
わたしからますます離れていった。
彼らはバアルに犠牲をささげ、
刻んだ像に供え物を焼いて煙を立ち上らせた。
3　わたしはエフライムに歩むことを教え、
彼らをわたしの腕に抱えた。
しかし、彼らはわたしに癒やされたことを知らなかった。
4　慈悲の紐や愛の絆で、

わたしは彼らを導いた。
わたしは彼らに対しては、
赤子を抱え上げて頬ずりする者のようであった。
わたしは身をかがめて彼に食べさせた。
5 彼はエジプトの地に帰り、
アッシリアがその王になる。
彼らがわたしに帰ることを拒んだから。
6 彼らが謀を企てたので、
かえって剣がもろもろの町に荒れ狂い、
その門の閂を砕き、
彼らを食い尽くすであろう。

しかしこの間にも神の心は不忠イスラエルの滅亡を厳罰として処する義とその滅亡を望まない愛との間に揺れにゆれていた。この愛と義に揺れる神の内面を典型的に啓き示したのがホセアだったのである。

十一

7 わたしの民はわたしを見捨てたために弱った。
彼らはバアルを呼び求めるが、
バアルは彼らを助け起こせない。
8 エフライムよ、
どうしてお前を見放すことができようか。
イスラエルよ、どうしてお前を渡すことができようか。
どうしてお前を
アドマのように見放すことができようか。
どうしてお前を
ツェボイムのようにすることができようか。
わたしの心は思い乱れ、
わたしはますます憐れを催す。
9 わたしは怒りを燃やさない。
わたしは再びエフライムを破壊しない。

わたしは神であって、人ではないから。
わたしはお前とともにいる聖なる者で、
破壊を好まない。

このように主は自分が民に裏切られ続けても胸襟を開き、背信の民を迎え容れようとする。その根底にある心は、ダアト（知ること）、エメト（まこと）、ヘセド（愛）といえる。

ダアトについては次の言葉が一例としてあげられよう。「お前がエジプトの地から出た時から、わたしはお前の神、主である。お前はわたしのほかには神を知らない。……荒れ野で乾いた土地で、わたしはお前を知った」と。次の文にはヘセドとダアトが現われる。「わたしが望むのは犠牲ではなく、愛である。わたしが望むのは焼き尽くす献げ物よりも、人が神を知ること（ダアト　エローヒーム）である。」（六・6）。エメトは否定的な形で表されている。「イスラエルの子よ、……この地にはエメトもヘセドもダアトもない」（四・1）と。

われわれの問いはどうしてホセアが彼の悲劇から脱してどのように結婚の破綻を再婚の物語へと止揚しえたかということであり、その鍵として先に三・1のテキストを挙げた。

それはこれまでの解説でも明らかであるように、ホセアの悲劇のはるか以前から出エジプトによって民を愛し親和した主を民がバアル崇拝などを通して裏切り続けてきたということである。それは夫と妻の間柄よりも深く契約で民と結ばれた夫たる神にとって妻たる民の背反は姦淫と呼ばれるほかにない醜悪なのである。にも拘らず、民を赦し迎えようと手をひろげる主の心がホセアに感動的に現前し知られる。すなわち、主の心を知ること（ダアト　エローヒーム）がホセアの身心に全面的に現前するのである。

こうしてホセアは主の心を知り、その心を全心身に蒙った（pathein）。この蒙りを言いかえると、それは神の心と共鳴共振すること（sym-pathein、共に蒙ること）であり、sympathētikos（共鳴的、共苦的）な一体化であるともいえよう。

この共鳴によってホセアの自己閉鎖的絶望の暗黒界に穴がうがたれ、ホセアは神の憐れみを全心身に浴び絶望を脱却し、新しい自己に生まれ変わった。その再生の具体的形は、先述の主の言葉（三・1）が示すように、愛人達に棄てられ奴隷となっていったゴメルを買い戻し新妻として迎え容れることだったのである。

こうしてホセアの愛の歴史は、正に神とイスラエルとの愛の物語と重なる（一・2―三・5）。ホセアはゴメルを荒野に誘って契る（二・16）。かつて神が荒野でイスラエルと契り契約を結んだように。

以上われわれはホセアにおける愛・親和と絶望・醜悪の物語りを辿り、彼において共鳴的人間（homo sympathētikos）の範型的な像を見出した。

第4節　エレミヤ（前六二七―五八六年に活躍）

エレミヤにおける愛・親和と醜悪の問いを深め洞察するためにわれわれは以下の二通りの考察を手続きとしたい。その一つは①、エレミヤとその時代の概観と認識であり、その二つ目は②、エレミヤの実存を伝え、彼の生の声の響きである「告白」を表すテキストの傾聴と解釈に関わる。

①　エレミヤとその時代

われわれは彼の時代の概観を、当時南王国ユダを支配した王の在位の順に区切って考究してみたい。

第一時期はヨシア王の在位期間、前六四〇年―六〇九年にあたる。この時代には北王国イスラエルを滅ぼしたアッシリアが新興バビロニアによって滅亡し（前六〇九年）、他方で神殿修理の際に「律法の書」、特に「申命記」一二―二六章の律法（トーラー）が発見されたことが二大事件といえる。（「列王記下」二二章）。

このトーラー発見に驚いたヨシア王は、バアルなどの偶像とその高台、偶像礼拝を主導した祭司たちを滅ぼし、国内での主の祭儀を統一化するという宗教改革を推進した。エレミヤもシナイ契約の預言者として召命を受け（前六二六年頃）、ヨシアの改革に賛同しつつ大いに活躍をした。しかしヨシアはアッシリアの勢力が衰退したと見るや、エジプトからも独立しようとしたがメギドの戦いにおいて敗死してしまった。（前六〇九年）。

第二期はヨヤキム王の在位期間、前六〇九年―五九七年にあたる。ヨヤキムは親エジプト反バビロニアの立場をとり、ダビデ王朝の再興とその象徴である神殿中心主義を目指した。しかしこの政策はシナイ契約の兄弟的協働体の精神、つまり未亡人、孤児、寄留の異邦人の保護をふみにじり、加えて異教の神々の崇拝に陥ってゆく盲目と忘却を招いた。

それ故エレミヤの神殿批判は強烈となる（一〇・1―11、15）。

2「主を礼拝するために、神殿の門を入って行くユダの人々よ、皆、主の言葉を聞け。3イスラエルの神、万軍の主はこう言われる。お前たちの道と行いを正せ。そうすれば、わたしはお前たちをこの所に住まわせる。4主の神殿、主の神殿、主の神殿という、むなしい言葉に依り頼んではならない。5―6この所で、お前たちの道と行いを正し、お互いの間に正義を行い、寄留の外国人、孤児、寡婦を虐げず、無実の人の血を流さず、異教の神々に従うことなく、自ら災いを招いてはならない。7そうすれば、わたしはお前たちを先祖に与えたこの地、この所に、とこしえからとこしえまで住まわせる。8しかし見よ、お前たちはこのむなしい言葉に依り頼んでいるが、それは救う力を持たない。9盗み、殺し、姦淫し、偽って誓い、バアルに香をたき、知ることのなかった異教の神々に従いながら、10わたしの名によって呼ばれるこの神殿に来てわたしの前に立ち、「救われた」と言うのか。お前たちはあらゆる忌むべきことをしているではないか。11わたしの名によって呼ばれるこの神殿は、お前たちの目に強盗の巣窟と見えるのか。そのとおり。わたしにもそう見える、と主はいわれる。……15わたしは、お前たちの兄弟である、エフライムの子孫をすべて投げ捨てたように、お前たちをわたしの前から投げ捨てる。」

こうして前六〇五年にバビロン王ネブカドレッツァルがカルケミシュにおいてエジプト軍を打ち破った時、バビロニアが近東からエジプトに及ぶ大軍事国家であることが明明白白となった。エレミヤはいずれユダがバビロニアによって滅亡させられ捕囚の浮目を見ることを予見していたが、時が来ると捕囚から民は故郷に帰って新生する未来をも見通し、王ネブカドレッツァルでさえその新生のため神に用いられる僕であるとの歴史的洞察をもっていた（二五・8―11）。

そして遂にヨアキムを継いだヨヤキン（在位三か月）の時代に第一次バビロン捕囚の悲劇と相成った（前五九七年）。

われわれはこの捕囚以前にエレミヤは民が偶像との姦淫にふけり最早シナイ契約さえ守る力も失ったことを自覚し、彼自身シナイ契約の預言者たることを放棄し、沈黙に入ったことを示唆しておきたい。

それを言いかえれば、彼自身が背信の民によって殺されるに至ろうとする危機と同時に神も彼のとりなしの祈りを聞かず、いわば神にも棄てられるという絶望的状況に陥ったことを意味しよう。次のテキストが民と神に棄てられたエレミヤの悲劇を如実に語っている（七・16―20）。

七

16 あなたはこの民のために祈ってはならない。彼らのために嘆きと祈りの声をあげてわた
しを煩わすな。わたしはあなたに耳を傾けない。17 ユダの町々、エルサレムの巷で彼らが
どのようなことをしているか。あなたには見えないのか。18 子らは薪を集め、父は火を燃

やし、女たちは粉を練り、天の女王のために捧げ物の菓子[15]を作り、異教の神々に捧げ物の
ぶどう酒を注いで、わたしを怒らせている。19 彼らはわたしを怒らせているのか——と主
はいわれる——むしろ、自らの恥によって自らを怒らせているのではないか。20 それゆえ、
主なる神はこう言われる。見よ、わたしの怒りと憤りが、この所で、人間、家畜、野の木、
地の実りに注がれる。それは燃え上がり、消えることはない。

このような悲劇と沈黙の中でエレミヤは新しい預言者として新生し立ち起がり亡国の危機に命を張っていった。

エレミヤの次の「告白」のテキストが新しい預言者への彼の新生・回心を告げている（一五・19—21）。

19　主は言われる。
「もしお前が立ち返るなら、
わたしはお前を立ち返らせよう。
お前は元のようにわたしの前に立つ。

もしお前が賤しいことではなく、貴い思いを語るなら、わたしの口となるだろう。
彼らは、お前の許に立ち返って来るが、
しかしお前は、彼らの許に立ち返る必要はない。
20　わたしは、お前をこの民の前に堅固な青銅の城壁としよう。
彼らがお前を攻めても何もなしえない。
わたしは、お前と共におり、
お前を救い解放するからである、
と主は言われる。
21　わたしは、お前を悪者の手から解放し、無慈悲な者の手のうちからあがなうであろう。

その回心はエレミヤの自力的努力によって生じたのではなく、あくまで神の恵みに拠る。というのも、エレミヤがシューヴ（立返る）、つまり脱在すべく働きかけるのも正に神の脱自（エヒイエ）的脱在に拠るのであるから。

第三期はゼデキヤ王の在位期間、前五九七年―五八七年にあたる。彼は最初はバビロンのネブカドレツァルに擁立されたので親バビロン派の立場をとったが、宮廷内ではヨヤキム系統の親エジプト派も暗躍して彼を牽引した。それで彼は両派の間に優柔不断に揺れ動き、信仰の点でも政治的にも無能をさらけ出していた。

その隙をつくようにハナンヤは主がバビロンの軛を砕いてユダを復興させると預言し王に擦り寄った。そしてバビロンに対する背反は滅亡につながると預言する「災の預言者」エレミヤに敵対する。その意味で彼は「幸福の予言者」、「偽予言者」として真の預言者エレミヤの姿を際立たせるといえる。

この頃エレミヤはユダの滅亡の彼方に「捕囚からの帰還」の地平を臨み見て、「新しい契約」を語っている。今はそれらのテキストを垣間見、新しい預言者に回心したエレミヤの愛と神との親和および不信の王と民の醜悪について深く思いをめぐらそう。

捕囚からの帰還　二四・1―8

1　バビロンの王ネブカドレツァルが、ユダの王、ヨヤキムの子エコンヤ、ユダの高官たち、それに工匠や鍛冶をエルサレムから捕囚としてバビロンに連れて行った後のことであった。

2　一つの篭には、初なりのいちじくのような、非常に良いいちじくがあり、もう一つの篭には、非常に悪くて食べられないいちじくが入っていた。

3　主はわたしに言われた。
「エレミヤよ、何が見えるか。」

わたしは言った。

「いちじくです。良い方のいちじくは非常に良いのですが、悪い方は非常に悪くて食べられません。」
4　そのとき、主の言葉がわたしに臨んだ。
5「イスラエルの神、主はこう言われる。このところからカルデア人の国へ送ったユダの捕囚の民を、わたしはこの良いいちじくのように見なして、恵みを与えよう。
6　彼らに目を留めて恵みを与え、この地に連れ戻す。彼らを建てて、倒さず、植えて、抜くことはない。
7　そしてわたしは、わたしが主であることを知る心を彼らに与える。彼らはわたしの民となり、わたしは彼らの神となる。彼らは真心をもってわたしのもとへ帰って来る。
8　主はまたこう言われる。ユダの王ゼデキヤとその高官たち、エルサレムの残りの者でこの国にとどまっている者、エジプトの国に住み着いた者を、非常に悪くて食べられないいちじくのようにする。

新しい契約　三一・31―34

31 見よ、わたしがイスラエルの家、ユダの家と新しい契約を結ぶ日が来る、と主は言われ
る。32 この契約は、かつてわたしが彼らの先祖の手を取ってエジプトの地から導き出した
ときに結んだものではない。わたしが彼らの主人であったにもかかわらず、彼らはこの契約
を破った、と主は言われる。33 しかし、来るべき日に、わたしがイスラエルの家と結ぶ契
約はこれである、と主は言われる。すなわち、わたしの律法を彼らの胸の中に授け、彼らの
心にそれを記す。わたしは彼らの神となり、彼らはわたしの民となる。34 そのとき、人々
は隣人どうし兄弟どうし、「主を知れ」と言って教えることはない。彼らはすべて、小さい
者も大きい者もわたしを知るからである、と主は言われる。わたしは彼らの悪を赦し、再び
彼らの罪に心を留めることはない。

以上のようなエレミヤの希望と警告の預言にも拘らず、遂にゼデキヤ王はエジプトに期待してネブカドレツァルに反乱を起こしたが敗れ去った。[16]かくて前五八七年、エルサレムと神殿は焼かれ、王子や民も殺戮され、民は捕囚に引かれ、その故郷は荒廃に打ち棄てられたのであった。

この決定的な第二次捕囚後、エレミヤはエジプトへ捕われ行き客死したと伝えられる。彼はエジプトでも偶像崇拝を止めないユダの民に向かって神の呪詛といえる言葉を預言に託して去った（四四章）。

②　エレミヤの実存

これからわれわれはいわゆるエレミヤの「告白」テキストの中から一箇所を中心としてひもといてそこから彼の生の声と彼の実存を観想していきたい。「告白」全体のテキストは、一一・18―一二・6、一五・10―21、一七・12―18、一八・18―23、二〇・7―8の五箇所とされている。今回は主に一五章に傾注したい。

エレミヤは召命後シナイ契約の熱烈な預言者として活動に身命を賭した（一五・16）。彼は民にはバビロンによる滅亡を告げ、民の回心を求める「災いの預言者」として声をあげた（16―17、二〇・7―10）。しかし彼の預言は成就せず（一七・15、二〇・7）、民や親族から命を狙われ神からさえ見放された（一五・10―15）。彼は民が最早シナイ契約を遵守する力も信も全く失ったことを如実に実感し、さらにイスラエル全体を生かす生命の泉（二・13）である神に向かって「あなたは水なき人を欺く谷川のようだ」（一五・18ｂ）と詰問して断絶する。こうして自らシナイ契約の預言者であるという神からの使命を放棄し、民の一員としての自己の実存に絶望し死んだように地に伏した(10、18)。このシナイ預言者としての死、民の一人としての死、実存的死という三重の死のいや果てに神の声が響く。「人を求める神」の声が、エレミヤを新しい契約の新しい預言者へと呼び招く(一五・19—20)。この神は「わたしは、お前と共にいる」(インマヌエル)脱在の神エヒイェであるからエレミヤの脱在に力を与えるのである。

ここで19—20のテキストをもう少し検討してみよう。

19　主は言われる。
「もしお前が立ち返るなら、
わたしはお前を立ち返らせよう。……
もしお前が賤しいことではなく、貴い思いを語るなら、わたしの口となるだろう」

このテキストは、条件法を用いてエレミヤの回心が主に拠るものであるが、それは決して全能の神の力や強制に拠らずエレミヤの自由な愛の応えを俟つ恵みであることを証ししている。つまりこの条件法によって神の恵みが歴史的エレミヤという個人の回心に強力に集中し強制する事実をゆるめ、恵みへの彼の自由な対応を示す。加えてそれはエレミヤ的時空を超えて、同じように神の意志に生き、悲劇や醜悪を経験し、回心を求める人々をうながし励まし働きかけ続ける現代的エネルギーと意義を示すといえよう。その場合にのみ、エレミヤの生と自由な回心は後代のわれわれにとって範例、しるしとなりうるのである。

このように脱在のエヒイェの恵みは、あたかも聖霊の息吹き・風のように己れの欲するところ時空を超えて息吹く（「ヨハネ」三・8）。人はその条件法で示される息吹きに自由に応える。

以上でわれわれは、エレミヤの実存をめぐって露呈された神の愛と、逆に神と彼との親和性およびエレミヤと民の間によどみ聖霊の風を拡散させようとする瘴気のような醜悪について認識を新たにした。

第5節　第二イザヤ　前六世紀

われわれは次にイスラエルの捕囚地バビロニアで活動した第二イザヤをとり上げよう。その預言内容は現「イザヤ書」四〇―五五章に詳しい。それによると彼は民に罪の赦しと捕囚からの帰還を告げ、捕囚の民を励ました。特に四つの「主の僕」の歌、特に四つ目の「主の僕」の歌

（五二・13―五三・12）は、主の僕による背信の民の贖罪が描かれ、磔刑のキリストによるアダム（人間）の原罪の贖罪の予型（typology）とも解釈されている。

われわれは以下第二イザヤの愛・親和と醜悪や悲劇を観想する上で、前述の余りに有名な「主の僕」の歌の解釈や「主の僕」論に直接立ち入らずに、軸足を移して一般には余り注目されない「アニー・フー」という表現に着目して解釈に入りたい。この「アニー・フー」表現は、第二イザヤでは七回頻出する（四一・4、10、13、25、四六・12、四八・12、五二・6）。

この表現に着目するわけを予め読者諸賢に御披露するとすれば、次のように弁証できるであろう。すなわち、アニー・フーは七十人訳ギリシア語聖書では、「わたしは在る」（egō eimi）と訳されている。この「egō eimi」は、一方で旧約「出エジプト記」三・14の神名が含む「エヒイェ」に遡源する。この「エヒイェ」の意味内容については、「出エジプト記」の神名解釈の箇所で解説しておいたので今は立ち入らない。他方でこの「egō eimi」は、新約、殊に「ヨハネ福音書」におけるイエスの自己啓示・自己宣明である「egō eimi」（「ヨハネ」八・24、28など）の先駆的予型論的な表現となって、イエスのエヒイェ性・神性を示している。そこでアニー・フーは、旧約出エジプト物語とイエスの生涯をめぐって立ち現われる愛・親和や醜悪・罪業に媒介的に関わって、その実相を深く告知する表現だといえよう。

以上がわれわれがアニー・フーをとり上げる弁証と意図に外ならない。それでは早速個々のアニー・フー現出のテキスト解釈に着手したい。但し、一点だけ予め念頭に入れておきたいことは、アニー・フーと「主の僕」との本質的連関が見出せれば、その連関の解釈・考究にふみ込む必要があるということである。

（i）　四一・4のアニー・フー

4節の邦訳をまずみよう。「誰がこれを行い、成し遂げるのか。初めから世々の人々を呼び出すもの、それはわたし（アドナイ）である。初めであり、後の世と共にいる。わたしはそれだ（アニー・フー）。」

この4節のコンテキスト（四一・1―7）では、主がペルシア王キュロスを用いてバビロンからイスラエルの捕囚の民を救うことが告知され（1―3）、4節はそれを成し遂げるのが主アドナイ・ヤハウェに外ならないことが強調される。続いて地中海沿岸の民（島々）が造作する偶像の無力・虚無が説かれている（5―7）。このようなコンテキストにおいて、イスラエル解放の起動力・愛に立つ根源が「アニー・フー」と表明されるわけである。異国のキュロスを用いてでも歴史を動かしイスラエルを贖う者こそアニー・フーに外ならない。そのイスラエル、ヤコブの解放を力強く主ヤハウェは宣言する。「虫けらのヤコブ、哀れなイスラエルよ、恐れてはならない。わたしがお前を助ける――主の言葉、お前を贖う者（gōēl）はイスラエルの聖なる者」（14）と。この「贖う」という表現は第二イザヤで中心的働きをもつ言葉で、一七回も頻出する。

続く四二・1―4では、主の僕の第一の歌がうたわれる。そこでは主の霊を授けられた僕が地に主の正しい法（ミシュパット）を輝かせ打ち立てると告知される。そのミシュパットの確立は、イスラエルの罪の赦しと解放そして歴史の正しい導きに関連する限り、「主の僕」もアニー・フーの働きに包摂され、アニー・フーに支えられて正しい法の樹立へ向けて働くといえる。ここにヤハウェの愛（贖い）と偶像を崇拝する民の醜悪がよく窺えるわけである。

（ii）　四三・10のアニー・フー

まず10節の邦訳を読んでみたい。「わたしの証人はあなたたち、わたしが選んだわたしの僕だ、と主は言われる。（選んだのは）あなたたちがわたしを知り信ずるためである。そしてあなたたちは、わたしがそれ（アニー・フー）であることを、わたしの前に神（エール）は造られず、わたしの後にも存在しないことを悟るであろう」。

この10節の前のコンテキスト（1―8）の内容を見ると、神は民と共に在って出エジプトの紅海渡りを支えたりして民を贖ったこと、この贖いが神の栄光のための創造として語られていることが注目される。実に他の諸国の民には救いの証人はいないのである（9—10a）。以上からこの10節のアニー・フーは結局、贖われたイスラエルが主を証しし知り信ずる自己再新の根拠として示されているといえよう。ここにも神とイスラエルの親和的関係が強調され、対して諸国の民の不信が示されていることが解る。

(iii)　四三・13のアニー・フー

邦訳にまず当ってみよう。「また今日から、わたしはそれ（アニー・フー）、そしてわたしの手から取り去る者はない。わたしが何か行えば、誰がそれを元にもどせよう」。

この13節に先行する11—12は、「わたし」が救い主たる主（アドナイ）であり、他の何者も救い主ではないこと、イスラエルこそその証人であることを強調して、13節につなげている。後続する14—21節は、歴史の中で救いを実現する主を描いている。主はペルシア王キュロスを用いてバビロンからイスラエルを解放する贖い主であり、かつての出エジプトを思い起こすような回想に溺れぬことを命ずる。なぜなら主は、新しいことを行う開新的開闢的創造主だからである。ここでも贖いと創造が重ねられている。

以上からここでアニー・フーは正にペルシア王を通してイスラエルを愛し贖いかつ歴史を創造する者として、世界史的地平を拔き、そこで働くアドナイ・エヒイェ的脱在者であることが明らかになった。

(iv) 四三・25

ここでは「アーノーキー・アーノーキー・フー」と表現され、主語が二回繰り返され強調されている。それではこの25節の邦文を見よう。「アーノーキー・アーノーキー・フー(わたし、このわたしが、その者)。わたしはわたしのためにあなたの諸々の背信をぬぐう者。わたしはお前の諸々の罪を思い出さない(ザーハール)」。

先行する22—24の文脈は、イスラエルが「わたし」主に献げ物も犠牲もささげず、かえって背信・悪行を重ねて主を労苦させたことを述べ、アーノーキー・フーがその背信をぬぐうという25節につなげている。後続する26—28節は、イスラエルの背信の結果、主は聖所の指導者や不忠実な責任者である王たちからその地位をとり上げて汚し、遂にはヤコブ・イスラエルを滅ぼすという呪いが語られる。それでも一転して25節の背信をぬぐう者たる主の姿が、続く四四・1—8で際立たせられる。すなわち、主はその霊を選んだイスラエルの子孫に注ぎ、これから起こる贖いを告知する。これに対し続く9―20節では、偶像の作像者および崇拝者の愚かさが様々なレトリックで語られている。

以上から25節の「アーノーキー・フー」は、イスラエルがどのような背信と醜悪を重ね滅亡の淵に立っても、正に贖い主という自分の名にかけて贖う主の姿と親和的働きの核心を示す表現となっている。

（v）　四六・4のアニー・フー

4節の邦訳をまず見てみたい。「お前が老いるまで、アニー・フー。白髪になるまで、わたしは担う。わたしは造り、わたしは背負う。わたしは担い、わたしは救う」。

この4節に先行する文脈を調べてみよう。そこでは、ベル（バビロンの守護神マルドゥク）とネボ（マルドゥクの子）は新年祭で動物に運ばれるが、動物は疲れ、それと共に偶像神もうずくまり運ばれることなく、カルデア人と共に囚われの身となる（1―2節）。これに対して主はヤコブ、つまりイスラエルの残りの者に対して、自分こそ、イスラエルを母の胎から背負ってきた者だと宣言し、4節につなげてゆく。4節に続く文脈は、先述した偶像の虚しさとキュロスを用いてバビロンを襲い、救いを実現する神とが強く対比されている。

以上から第二イザヤは、「担う、背負う」などの鍵語を象徴的に用いて、ペルシア王キュロスをバビロン攻撃に向かわせて彼らを主神マルドゥク共々に滅ぼし、遂にイスラエルの救いを実現する神を「アニー・フー」として示している。この「担う」は神の親和的愛を示し、異教の偶像の「担えない」醜悪を明示している。

(vi) 四八・12 まず12節に傾聴したい。

「ヤコブよ、わたしに聞け、わたしが呼び出したイスラエルよ。アニー・フー。わたしは初めであり、わたしは終わりである」。

この12節に先行する文脈的テキストは少々長いがその節を辿ってみよう。とすると四七章ではもっぱら滅びゆく王女バビロンの栄光に対する辱しめと醜悪な魔術や星占いの無力な末路とが描かれている。それと対比的に四八章では、イスラエルが偶像によって救われたなどと言わないように、神は起こったことを前もって告げた。そればかりではなく、今から前代未聞の新しいことを創造し、イスラエルに告げると強調される(1—11節)。このような愛の神こそ、「キュロスを遣わして僕ヤコブを贖うアニー・フー」なのである(12節)。後続するテキストは、以上のことの繰り返しであり、いよいよアニー・フーの歴史の初めと終わりを治める開闢・開新的な性格が際立つわけである。

われわれは、この「アニー・フー」を含め四八章が、分裂荒廃したイスラエルを主の許に立ち返らせて救う主の僕の使命を謳い上げる「主の僕」の第二歌（四九・1―7）とつながることに注目した。ここで理解を深めるため、第二歌のさわりの部分を引用しよう。「主はこう言われる……わたしはあなたを僕として……あなたを諸国の光とし、わたしの救いを地の果てまで、もたらす者にする」（5―6節）。そのことは、アニー・フーが、主の僕の受難をも通してイスラエルを救うだけでなく、イスラエルを「諸国の光とし、地の果てに至るまで」主の救いが及ぶように働く中核とすることによって普遍的世界史的な地平を拓開することを示しているといえよう。そしてこの救いの実現に向けて「主の僕」が蒙る受難は、第三歌（五〇・4―9）にも歌われ、ここにアニー・フーは「主の僕」の受難とイエスの贖罪的受難までも射程にいれたヴィジョンを示していると思われる。

(vii)　五二・6

恒例に従ってまず6節を見よう。「それ故、わたしの民はわたしの名（シェーム）を知る（ヤーダ）であろう。それ故、その日には、見よ、わたしが『アニー・フー』と語る者であることを知るであろう」。

この6節に先行するコンテキスト（1―5節）では、かつてエジプトの奴隷となり、アッシリアに圧迫され、今までバビロニアに隷属し、それを通して主の名が侮られている悲劇的で醜悪なイスラエルの歴史が述べられ、一転して大国の奴隷になった囚われの女シオンや聖なる町エルサレムの買いもどしが宣言され6節に続く。そこでは正に贖い主・アニー・フーとシオンとの親和的な関係が動詞「ヤーダ（知る）」によって示されている。

続く文脈的テキスト（7―10）では、如上の贖いの福音をもたらす使者の足の美しさが喜びにみちた筆致で描かれている。それで最後にバビロンからの出発命令が発され、その出発の際にはかつて急いで脱出した出エジプトと異なってゆっくりと主の祭具を運びつつバビロンの汚れにふれず、主に信頼して「先頭に立ちかつ背後を固める神」に従えと命じられている。先のテキストで民が主をヤーダ（知る）するという場合、ヤーダは、男女の親和的な愛による知（「創」四・1）、神が預言者を生まれる以前から知る知（「エレミヤ」一・5）、契約における新しい関係（「エレミヤ」三一・31）などを意味する。

このアニー・フーと民とのヤーダ的一心同体の親和を表すテキストは、直ちに「主の僕」の最も感動的で預言的な第四歌に連動する点に注目すべきであろう。実に第四歌では主の僕がその身の受難をもって不忠実な民を贖う賠償の献げ物となるという驚くべき出来事が語られる。しかもその代償の犠牲である主の僕は神の前に潔白なのである。

本論でこの第四歌の考察に入ることはできないが、神と「主の僕」の親和および民の悪業を語り、さらに予型的にイエスの受難と死を預言するような第四歌の部分を次に示した。

「イザヤ」五三

4
彼が担ったのはわたしたちの病
彼が負ったのはわたしたちの痛みであったのに
わたしたちは思っていた
神の手にかかり、打たれたから
彼は苦しんでいるのだ、と。
5
彼が刺し貫かれたのは
わたしたちの背きのためであり
彼が打ち砕かれたのは
わたしたちの咎《とが》のためであった。

彼の受けた懲《こ》らしめによって
わたしたちに平和が与えられ
彼の受けた傷によって、わたしたちはいやされた。
………
11 彼は自らの苦しみの実りを見
それを知って満足する。
わたしの僕は、多くの人が正しい者とされるために
彼らの罪を自ら負った。
12 それゆえ、わたしは多くの人を彼の取り分とし
彼は戦利品としておびただしい人を受ける。
彼がみずからをなげうち、死んで
罪人のひとりに数えられたからだ。
多くの人の過ちを担い
背いた者のために執り成しをしたのは
この人であった。

この歌が語る「主の僕」は、その贖罪の生を神が容認し、僕をその右の座に高く招かれる。「見よ、わたしの僕は栄える。はるかに高く上げられ、あがめられる」と。新約聖書ではこの主の僕とイエスが重ねられ、イエスの受難、死、復活の先駆者として主の僕の記憶が解釈されている点をひと先ず指摘しておきたい（「マタイ」八・17、一一・5、一二・18―21、二六・67、「ヨハネ」一二・38など）。

以上で七箇所にわたるアニー・フーを考察し、その愛と民の醜悪を明示した。

(viii)　この節では、これまで考究してきたアニー・フーの根源的な意義および愛・親和の性格とイスラエルの醜悪についてまとめつつ、さらなる或る展望を切り披いていきたい。

われわれがこれまで解釈してきた旧約の諸テキストにおいては結局脱在のエヒイェであるヤハウェが歴史の中にコミットし、奴隷や弱者などの他者と共に歩み、その愛の歩みに応えてヤハウェと親和した民が協働体を形成し、その成員の各々がヤハウェ的脱在を体現しつつ、さらに兄弟的円いをひろげ深めてゆく動態が読みとれた。と同時にサタン的な醜悪が偶像崇拝などを通して民と神との親和、民相互の兄弟的絆を切り崩し、民を捕囚に追い遣った歴史をも洞察した。その悲劇の只中にあってわれわれがエヒイェを体現した預言者、モーセ、ホセア、エレミヤ、第二イザヤなどの人格（神のイコン）に出会えたことは至上の喜びであった。そして彼らを通して歴史の中で名もなく隠れてエヒイェ的に他者と親和相生した人格の群れをも想うことができ、今日もそうした人々と縁を結びたいと願う(17)。

これを思想史的に言いかえれば、アリストテレスの不動の動者的な神、形而上学の神の君臨(18)とそのイデオロギーである存在神論を超克し(19)、その前で祈り歌い踊りうる生ける神への哲学的実践的志向が燃え上ってきている。それはJ・L・マリオンやE・レヴィナスなどのフランス哲学者の動向であり、「現象学の神学的転回」とも名指されている。

このようなエヒイェの愛・親和と思想史的な実存的な生ける神についての探求が、現代に生命的開闢的な展望を披いているといえる。

今は旧約における親和性とヤーダ的知についての探求はここで置いて、次は新約における愛と醜悪の物語の解釈と真相露呈に着手したい。

註

（1）『他者との出会い』『原初のことば』『彼方からの声』（シリーズ物語り論、宮本久雄／金泰昌編著、東京大学出版会、二〇〇七年）を参照し、「物語り論」について多彩な思索を乞ふ。

（2）一日―七日の創造について拙著『他者の原トポス』（創文社、二〇〇〇年）三六六―七五頁および拙著

『出会いの他者性――プロメテウスの火〈暴力〉から愛智の炎へ』（知泉書館、二〇一四年）一六六―七六頁を参照されたい。

（３）「前掲」『出会い』一八〇―八三頁。拙著『言語と証人』東京大学出版会、二〇一三年、四八―五三頁。

（４）「前掲」『言語』五三―五六頁。André Wénin, *D'Adam à Abraham ou les errances de l'humain, Lecture de Genèse 1.1—12.4.* Cerf, 2013.

（５）『知恵の書』二・23‐24に「悪魔の妬みによって死がこの世に入った」とある。

（６）石川耕一郎解説・訳『過越祭のハガダー』山本書店、一九八八年。

（７）「出エジプト記」などに頻出する存在動詞（ハーヤー〈三人称単数完了形〉やエヒイェ〈一人称単数未完了形〉）が一如として含む〈生成する、在らしめる、働く、在る〉という動的歴史的な意味が、ギリシア思想でいう存在の実体（ウーシア）的超越的な意味と対比的に異なることに注目し、ハヤトロギアを提唱したのは、歴史神学の泰斗有賀鐵太郎博士であった。『キリスト教思想における存在論の問題』（有賀鐵太郎著作集４）創文社、一九八一年を参照。

（８）拙著『ヘブライ的脱在論』東京大学出版会、二〇一一年の序iii―viを参照。

（９）「創」二六・3、三一・3を参照。

（10）「十のことば」の詳細については、拙著『存在の季節』知泉書館、二〇〇二年、一五五―六八頁を参照されたし。

（11）関根正雄『古代イスラエルの思想』講談社学術文庫、二〇〇四年。

（12）「前掲」一〇五頁。

（13）この三つの説については次書を参照。Abraham J. HESCHEL, *The Prophets*, Vol I, Harper Colophon Books,

1969, p. 53. そこではまたホセアが、共苦し共鳴する親和的な人物であることも強調されている。

(14) バアルはカナンで崇拝されていた雨降しの神、従って肥沃の神で、その配偶女神はアシュラ。ここでいわれる「ぶどうの菓子」は、アシュラへの供えものである。

(15) 「天の女王」は女神イシュタル(四四・17-23)のことで、菓子は食べるためでなく、女王を形どった偶像あるいは偶像への供えもの。

(16) エレミヤの時代と彼の「告白」についてさらに探究したい方は、次の拙著を参照されたい。『聖書と愛智:ケノーシス(無化)をめぐって』新世社、一九九一年。またイスラエルの醜悪が現代まで続いていることを思う時、民を堕落させ近隣大帝国(アッシリア、バビロニア、エジプトなど)と次々に外交的関係を変えた南北朝の歴代の王の系譜から見ると、今日のイスラエル・ネタニヤフ政権は、その全体主義と暴力の性格を帯びて、際立って最悪の王といえよう。

(17) イザヤについては、他の預言者伝承と共に第一イザヤ、第二イザヤ、第三イザヤを概説した古典的な次の著作を参照されたい。G・フォン・ラート『旧約聖書神学Ⅱ イスラエルの預言者的伝承の神学』(荒井章三訳)、日本基督教団出版局、一九八二年。特に第二イザヤについては、第六章を参照。外に中沢洽樹『第二イザヤ研究』山本書店、一九六二年。『苦難の僕』山本書店、一九七五年。苦難の僕の第四歌については、一二六—八六頁参照。アニー・フーを体現した人格については、拙著『言語と証人 根源悪から人間変容の神秘、そしてエヒイェロギアの誕生へ』東京大学出版会、二〇二二年、第七章—終章を参照されたい。

(18) アリストテレスの『形而上学』と「出エジプト記」殊にその十誡とを対比的に考察して「ハーヤー」「エヒイェ」の特徴を示した拙著を御案内したい。『存在の季節 ハヤトロギア(ヘブライ的存在論)の誕生』知泉書館、二〇〇二年、一四三—八二頁。

(19) 存在神論超克の一方策については、前掲『言語と証人』第五章を見られたい。

第三章　新約聖書が語る美・愛と醜悪の実相

脱在者イエス。さて以上のようなエヒイェと他者との親和的共在が根源的典型的な形で現成した人を、われわれはイエスに見る。実に聖書の語りによると、イエスは神の子ロゴス（御言）であるにも拘らず、己れを無にして（ケノーシス）、小さく罪深いわれわれ人間の許に到来し、すべての人が親和して兄弟姉妹として生きうる神の国を当時のユダヤ教の全体主義的選民の只中で実現しようとし、それ故異端として裁かれ磔刑に処せられたのである。それは正に今日のわれわれにとっても脱在の生の記憶としてよみがえっている（「フィリピ人への手紙」二・6—11）。

われわれは以上のようにイエスにこだわり、彼が生きた脱在的な親和的出会いのテキストをとり上げて、彼がどのようにユダヤ教の律法主義的全体主義を突破・超克し相生の地平を披いてゆくかを明らかにしたい。そのことは特にイエスと苦しむ女たちとの密やかな出会いに顕著である。そのわけでテキストは、「罪の女」との出会い（「ルカ」七・36—50）、「姦通の女」との出会い（「ヨハネ」八・1―11）、そして「女によるイエスへの香油の注ぎ」（「マタイ」二六・6―16）の順序でとり上げられる。

1節　まずルカのテキストから始めよう。

第1節　罪の女（ルカ七）

七　36 さて、あるファリサイ派の人が一緒に食事をしてほしいと願ったので、イエスはその家に入って食事の席に着かれた。37 この町に一人の罪深い女がいた。イエスがファリサイ派の人の家に入って食事の席に着いておられるのを知り、香油の入った石膏の壺を持って来て、38 後ろからイエスの足もとに近寄り、泣きながらその足を涙でぬらし始め、自分の髪の毛でぬぐい、イエスの足に接吻して香油を塗った。39 イエスを招待したファリサイ派の人はこれを見て、「この人がもし預言者なら、自分に触れている女がだれで、どんな人か分かるはずだ。罪深い女なのに」と思った。40 そこで、イエスがその人に向かって、「シモン、あなたに言いたいことがある」と言われると、シモンは、「先生、おっしゃってくださ い」と言った。41 イエスはお話しになった。「ある金貸しから、二人の人が金を借りていた。一人は五百デナリオン、もう一人は五〇デナリオンである。42 二人には返す金がなかった

ので、金貸しは両方の借金を帳消しにしてやった。二人のうち、どちらが多くその金貸しを
愛するだろうか。」43 シモンは、「帳消しにしてもらった額の多い方だと思います」と答え
た。イエスは、「そのとおりだ」と言われた。44 そして、女の方を振り向いて、シモンに言
われた。「この人を見ないか。わたしがあなたの家に入ったとき、あなたは足を洗う水をく
れなかったが、この人は涙でわたしの足をぬらし、髪の毛でぬぐってくれた。45 あなたは
わたしに接吻の挨拶もしなかったが、この人はわたしが入って来てから、わたしの足に接吻
してやまなかった。46 あなたは頭にオリーブ油を塗ってくれなかったが、この人は足に香
油を塗ってくれた。47 だから、言っておく。この人が多くの罪を赦されたことは、わたし
に示した愛の大きさで分かる。赦されることの少ない者は、愛することも少ない。」48 そし
て、イエスは女に、「あなたの罪は赦された」と言われた。49 同席の人たちは、「罪まで赦
すこの人は、いったい何者だろう」と考え始めた。50 イエスは女に、「あなたの信仰があな
たを救った。安心して行きなさい」と言われた。

婦人たち、奉仕する

八　1 すぐその後、イエスは神の国を宣べ伝え、その福音を告げ知らせながら、町や村を
巡って旅を続けられた。十二人も一緒だった。2 悪霊を追い出して病気をいやしていただ

いた何人かの婦人たち、すなわち、七つの悪霊を追い出していただいたマグダラの女と呼ばれるマリア、3ヘロデの家令クザの妻ヨハンナ、それにスザンナ、そのほか多くの婦人たちも一緒であった。彼女たちは、自分の持ち物を出し合って、一行に奉仕していた。

右のテキストで驚異的な点は、一つには律法学者たるファリサイ派の人々が居並ぶ宴の聖なる空間に突如として闖入した女が、イエスの足を涙でぬらし、自らの髪の毛でぬぐい、接吻して香油を塗ったという振舞いの異様さであり、二つにはそれとイエスが女の振舞いを受容したことが全くコモンセンスを逸脱した反律法的で反ユダヤ社会的な行為・態度だという点である。

この罪深い女が、ファリサイ派の人の家にイエスがいることを知って、このような激情的ともいえるアガペー（愛・感謝）の振舞いに及んだのは、どうしてか。ただイエスが有名なラビだったせいか。自分の罪を深く思い、イエスに赦しを乞うためだったのか。いろいろ理由が考えられるが、それは唯一以前イエスと余程深い全身全霊を撃った親和的感動的な出会いを経験したからであり、その感動につき動かされイエスの許に走ったからだと思われる。それでは彼女は以前にどこでどのようにしてイエスと出会ったのだろうか。その出会いを証明するテキストを求めて福音書全体をみまわしてもそれを暗示するテキストについては雲をつかむような話しである。だが論者子は唯一点、ヨハネにおける姦通の女のエピソード（八一―11）に注目したい。というのも、このエピソードの部分は、イエスとユダヤ人たちの間でくり広げられる仮庵祭の時の論争を突如中断する形で語られており、聖書批判学からすると本来独立した伝承に由来すると考えられているからである。従ってこのヨハネ福音書の罪の赦しをうける姦通の女の記憶が、ルカ福音書の罪が赦される女と重なり、イエスとの出会いを通して前代未聞の感動につつまれた女として、ルカの罪の女の感動的姿となって再び姿を現し、われわれに現成したと思われる。このことは二つの出来事・物語りが一つのタイプとして共振し重なるタイポロジイの視点から推定されるのであり、自然科学を根源とする因果的影響史的な関係づけを中心とする思想的視点によっては発想・推定できないことを一言弁明しておきたい。

2節　それでは次に、ルカのテキスト解釈に入る前にヨハネの姦通の女のエピソードを次に掲げていささかわれわれのルカの罪の女＝ヨハネの姦通の女説を考究し進めてみよう。

第2節　姦通の女（ヨハネ八）

七　53人々はおのおの家へ帰って行った。　八　1イエスはオリーブ山へ行かれた。　2朝

早く、再び神殿の境内に入られると、民衆が皆、御自分のところにやって来たので、座って
教え始められた。3 そこへ、律法学者たちやファリサイ派の人々が、姦通の現場で捕らえ
られた女を連れて来て、真ん中に立たせ、4 イエスに言った。「先生、この女は姦通をして
いるときに捕まりました。5 こういう女は石で打ち殺せと、モーセは律法の中で命じてい
ます。ところで、あなたはどうお考えになりますか。」6 イエスを試して、訴える口実を得
るために、こう言ったのである。イエスはかがみ込み、指で地面に何か書き始められた。7
しかし、彼らがしつこく問い続けるので、イエスは身を起こして言われた。「あなたたちの
中で罪を犯したことのない者が、まず、この女に石を投げなさい。」8 そしてまた、身をか
がめて地面に書き続けられた。9 これを聞いた者は、年長者から始まって、一人また一人
と、立ち去ってしまい、イエスひとりと、真ん中に女が残った。10 イエスは、身を起こし
て言われた。「婦人よ、あの人たちはどこにいるのか。だれもあなたを罪に定めなかったの
か。」11 女が、「主よ、だれも」と言うと、イエスは言われた。「わたしもあなたを罪に定め
ない。行きなさい。これからは、もう罪を犯してはならない。」

このエピソードにおいては、イエスおよび女対ユダヤ教徒との対立を通して、新約的福音と旧

約的律法との対立が闡（せん）明となり、そこから新たな親和的相生の地平が拓かれている。それはどういうことであろうか。

このエピソードの解釈としてテキストに顕著に反復されるイエスの「身をかがめる」「身を起こす」という動作と姿勢に注目したい。

神殿で座って教えていたイエスの許に、律法学者やファリサイ派の人々が、姦通の現場にいた男女のうち男を見過ごしておき女だけを捕えて連れてきて、みんなの真中に立たせた（原形は histēmi）。彼らは律法に従って石打ちの刑に処するがよいかとイエスに迫った。するとイエスはかがみ込み（katō kypsas）、指で地面に何か書き始めた。彼らがなおも執拗に問い続けるので、イエスは身を起こした（anekypsen）。そして罪なき者が、この女に石を投げよと言って、再びかがみ込み（katakypsas）、指で地面に書き続けた。このイエスの言葉に恥じ入ったのか、年長者から始まり、一人残らず立ち去ってしまった。イエスは身を起こして（anakypsas）女に言った。「わたしもあなたを罪に定めない。行きなさい。今後、罪を犯さないように」と。

このエピソードで女は立ったままの姿勢でいる。イエスが最初にかがみ込んだのは、石うちの刑という律法が提示された時であり（5節）、かがみ込みと律法は対応する。だからかがみ込んで指で書いたものとはイエスによって止揚される律法であろう。

イエスが身を起こしたのは（7節）、律法の前ではすべての人が罪人であることおよび罪ある女への赦しを含意した、いわば新約的福音（「ローマ」三・9―22）を告知するためであったと解釈できる。そして二度目にかがみ込んで（8節）指で書いた振舞いは、福音の前で無効となるべき律法であろう。そして再び身を起こしたのは、この女性に対する福音的赦しの告知であった。

このようにエピソードをイエスの姿勢に注目して解釈すると、律法と福音の対比およびユダヤ教徒による石打ちに戦く女の恐怖とイエスによる石打ち刑からの解放による女の安堵とが際立ってくる。そこにわれわれは、この女がイエスとの出会いにどれ程か感動・感謝したのかを読みとれるのである。言いかえれば、彼女はイエスのアガペーに対してアガペーで応える境位に達したといえよう。そしてこの女の記憶・伝承にすでにふれていたルカ福音史家において彼女は「罪の女」として描かれて再登場し、愛に駆られた女としてイエスに対してアガペーを注いだわけであろう。値高き香油にアガペーを込めて。

3節　ところでイエスに値高き香油を女が注ぐというエピソードは、「マルコ」「マタイ」「ヨハネ」の福音書にも見られる。(1)「ルカ」ではファリサイ派のシモンの家での出来事が描かれているが、「マルコ」「マタイ」では重い皮膚病の人シモンの家が現場となっており、「ヨハネ」では甦ったラザロのいるベタニアにおいてである。女の香油注ぎの行為については、むしろそれを売って貧しい人々に施すべきだと批難され、「マタイ」では弟子たちが、「マルコ」ではそこにいた人々が、「ヨハネ」ではイスカリオテのユダが女を批判している。そして各福音書は共にイスカリオテのユダの裏切りの企てを描いているのである。

「ルカ」における香油注ぎの出来事とその親和的意味合いとをさらに深く考究するために、次にわれわれは「マタイ」「マルコ」における如上の香油注ぎを解釈してみたい。ここでは「マタイ」のテキストを俎上に載せよう（二六・6―16）。

第3節　香油の注ぎ（マタイ二六）

二六　6 さて、イエスがベタニアで重い皮膚病の人シモンの家におられたとき、7 一人の女が、極めて高価な香油の入った石膏の壺を持って近寄り、食卓の席に着いておられるイエスの頭に香油を注ぎかけた。8 弟子たちはこれを見て、憤慨して言った。「なぜ、こんな無駄遣いをするのか。9 高く売って、貧しい人々に施すことができたのに。」10 イエスはこれを知って言われた。「なぜ、この人を困らせるのか。わたしに良いことをしてくれたのだ。
11 貧しい人々はいつもあなたがたと一緒にいるが、わたしはいつも一緒にいるわけではな
い。12 この人はわたしの体に香油を注いで、わたしを葬る準備をしてくれた。13 はっきり
言っておく。世界中どこでも、この福音が宣べ伝えられる所では、この人のしたことも記念
として語り伝えられるだろう。」

ユダ、裏切りを企てる

14 そのとき、十二人の一人で、イスカリオテのユダという者が祭司長たちのところへ行き、
15「あの男をあなたたちに引き渡せば、幾らくれますか」と言った。そこで、彼らは銀貨
三十枚を支払うことにした。16 そのときから、ユダはイエスを引き渡そうと、良い機会を
ねらっていた。

このテキストの物語りで際立つことは、女性のイエスに対する一途なアガペーと弟子たち、特にイスカリオテのユダの宗教的政治的な醜悪な思惑とである。その間にあってイエスは、女性を非難する弟子たちに向けて、二点を挙げて彼女を称え庇《かば》う。その一点目は、彼女の香油注ぎがイ

エスの受難死の葬りの準備なのだということである。弟子たちはまだイエスの受難・磔刑死の道行きにとんと気づいていないが、続くテキストではイエスはその死への道行きを過越しの食事を発端として準備する（二六・17―35）。その二点目は、福音が宣べ伝えられる処にはどこでも、彼女の愛の香油注ぎが、彼女の記憶（mnēmosynon）として語り伝えられるという予言である。

そこでまず二点目の予言の内実は一体何なのかという問いから考究しよう。女の極めて高価な香油注ぎとは単に外的な親愛と感謝の振舞いなのか。福音史家は、イエスの磔刑時に弟子たちが逃亡したのに、婦人たちが十字架にまでついていった愛を強調している（「マタイ」二七・56）。この女もイエスの十字架の許まで従い、イエスと共に共在し愛を保った。だからこの香油注ぎのシーンでもそのアガペーの深さ故に彼女自身が香油そのものとまでになって注がれ、イエスといわば一体化したのではなかろうか。彼女のアガペーの深さを思うとそう解釈できよう。すると、彼女もまたその深い親和的一体化を通してイエスの受難・十字架への道行きを辿ったといえる。だからイエスの十字架と復活に至る生涯が福音だとすれば、女もまたイエスの福音的生に参与した親和的で美しい姿・しるしとして世々にわたって愛の記念として語られることになる。

次に先の第一点目、つまり弟子たちの宗教的政治的思惑とはどういうことかを問いたい。弟子たちの女性非難の理由は、高価な香油を売って貧しい人々に施すべしという一見もっともな倫理的意見となっている。

しかしその背景を見極めなければならない。というのも、一方で家族も含めて弟子たちはイエスを栄光のメシア、つまりローマ帝国支配から政治的民族的宗教的に独立して、かつてのダビデ王支配の栄光をとりもどす救世主として理解し、自らがあわよくばその王国の左大臣、右大臣に出世したいという強い（醜悪ともいえる）思惑・願いを抱いていたといえる。だから他方で民衆に金を施して救世主イエスと自分たちの人気を高めようという思惑に常に駆られていたと考えることができる。特にユダのようにイエスが期待に反して受難のメシアだと気付いた場合、ユダヤ当局に寝返ってイエスを裏切るのは当然の成行きといえよう。

このような文脈においてマタイが伝える香油を注いだ女のアガペーの記憶は、実に先述のルカにおける女とその香油注ぎの隠された内実を示してくれるといえる。それはどういうことか。ルカの罪の女は、そのイエスへの情熱的な振舞い以前に罪から赦されアガペーの世界に生きていたことも推測できる。その推測を裏づけるために、ここで彼女に対するイエスの次の言葉に注目したい。「この人が多くの罪を赦されていることは、わたしに示した愛の大きさでわかる」（七・47）。「あなたの諸々の罪は赦されている」（48）。

この傍点を付した二箇所を文法的に解釈してみよう。一つには、いずれの文も受動形である。

それも単なる受動形ではなく、神的受動形（passivum divinum）といえる。神的受動形とは何か。旧約ユダヤ教では、ヤハウェの神名を口にすることを畏れ多いとし、アドナイ（主）と呼んでいた。ましてや肯定文の主語に神名を立てることは、神の顔を見れば死に値するといわれることに匹敵する程の死罪に匹敵した。従ってヤハウェ名を明示的主語・作動者の地位から取りはずし間接的に作動的主語として暗示するため肯定文から受動文に直すことになる。だからこの「あなたの罪は赦されている」という受動文の作動因的主語は神で、イエスでなく父なる神が赦すわけである。ルカ・テキスト中の同席のファリサイ人たちは、イエスが赦すと誤解したのだが（七・49）

二つには、「赦されている」（apheōntai）は動詞の現在完了形であって、かつてすでに罪が赦されたのであり、その赦しが現在も続いているという状態を表現している。

従ってルカにおいて罪の女と呼ばれるこの女性は、神によってすでに罪が赦されているのであり、そのことはヨハネの物語りで姦通の女がイエスによって赦されたことに根差し対応しているといえよう。そして罪の女の香油注ぎはかつて彼女を罪の劫罰たる石打ち刑から救ったイエスへの一途なアガペーに由ると解釈する外あるまい。

以上のようにわれわれは、「罪の女」の系譜を辿り彼女らの貧しさ苦しみとそれに反比例するかのようなイエスへのアガペーを明らかにした。加えてイエスと女たちの密やかな出会いは、律法を超えたアガペー、赦し、親和的交流などの言葉が示す福音的相生、将来のエクレーシア実現の機縁となり、広がっていったのである。以上われわれはイエスと女たちとの親和と弟子たちの醜悪の実相を示しえたと思う。

そこで次は新約以後のキリスト教協働体の神学的典礼的修道的展開の考究に着手し、その展開における愛と美、醜悪の諸相について明らかにしていきたい。

註

（1）「マタ」六・6‐13、「マコ」一四・3‐9、「ヨハ」一二・1‐8を参照。

第四章　新約以降のキリスト教における典礼的修道的な展開

第1節　神学的典礼的展開

キリスト教神学において三位一体論がその核心として洞察され定式化されてきた。東方では、第一次のコンスタンティノポリス公会議において、御父は御子を言（ロゴス）として生み、聖霊は御父（根源）から、御子を通して発出するという三位一体論が定式化された（三八一年）。と同時にこの定式にはいかなる付言も加えてはならないとされた。対して西方の三位一体論はどうか。父からの子（御言）の出生は変りないとして、西方は聖霊が「父と子から（フィリオ・クェ）発出する」と付言し、父と子を結ぶ愛として聖霊を性格づけたのである。この定式はだから正三角形として表象されることになり、これとは逆に東方の定式は父→子→聖霊という直線となり、根源としての父は隠れた神秘的性格を帯びるに至る。と共に子は父への道、聖霊は道を歩む人々を照らす光のように表象されることになり、東方教父はこの光をエネルゲィア（生命的に万物を活性化するエネルギー）と理解していった。そしてさらにその聖霊のエネルゲイア的光をイエスの変容の光（「マタ」一七・1―8、「マコ」九・2―8、「ルカ」九・29―31）と同定し、地上的週日七日の光を超える天上的八日目の光として光の神学を形成していったのである。この光は単に神学的概念に止まらず、「イエスの御名の祈り」(1)を実践する隠者たちが、祈りを通して体現する光として経験された。この復活の光を先駆的に典型的に体現した聖者としてわれわれは一九世紀ロシアのサーロフの聖セラフィームをあげることができる(2)。当時、様々な人々が彼に霊的援けを求めるため彼の独居小屋を訪れたが、その中の一人N・モトヴィーロフが残した「覚え書」の中に光の体験が如実に記されているので大略紹介しよう。

モトヴィーロフが聖霊の思想について尋ねるとセラフィームは彼の肩をしっかりとつかみ「私たちは二人共今聖霊の中にいます。どうして私の顔を見ないのですか」と言った。

「これらの言葉の後、私は彼の顔を見た。すると私はさらに大きな、畏敬に満ちた恐れに襲われた。最も明るい真昼の太陽の下にあって、あなたに語りかけている人の顔を想像するといい。彼の唇の動き、彼の目の動きの表情がわかる。彼の声が聞こえ、だれかの手があなたの肩をつかんでいるのが感じられる。けれどもこれらの手や、あなた自身や、語り手の体は見えず、目がくらむばかりの光が何メートルも広がって、牧場をおおう雪のように偉大な長老に降りかかる雪を、明るい光線で照らし出すさましか見えない。そんな時の私の状態を想像するがいい。〈今どんな気持ちですか〉とセラフィーム神父が尋ねた。〈この上なく良い気分です〉と私は言った。……セラフィームは続けた。〈神の霊が人の上に降り、その降臨のあふれる力が彼をおおい尽くす時、人の魂は名伏しがたい喜びに満たされるでしょう。なぜなら、神の霊は人の触れるもの一切を喜びに変えるからです〉」。

このような光の重視は東方キリスト教典礼に顕著である。正教の聖堂では、イコノスタシス（諸々のイコンが秩序を以てはめられたつい立て状の障壁）によって内陣・至聖所と一般信者の空間が区別され、内陣で聖職者がミサ聖祭を執行する。この典礼は光や金色の彩色で満たされ、地上的時間が止まり今ここに聖堂内で天上的世界が現成している様相を呈する。その趣は西方教会のミサ典礼などとかなり異なっている。(3) 西方教会では第二ヴァチカン公会議（一九六二―六五）の今日化（アジョルナメント）や「旅する教会」が示すように歴史のしるしを見てイエスと共に苦難の時代を開拓しながら歩むという歴史的性格が際立っている。

第2節　教会協働体現成の核心――エウカリスティア（聖餐）と記念・想起について

新約聖書でエウカリスティアの最古の伝承を伝えている箇所は「一コリント」一一・23―26である。そこで弟子たちは旧約の過越祭の形の下にイエスの許に集まり、イエスの体であるパンと血である杯のぶどう酒に与り、それらが象徴するイエスの死と復活に拠り、新しい神との契約（新約）関係に入ったとされる。加えてイエスは「わたしの記念（アナムネーシス）としてこれを行いなさい」（「一コリ」一一・24、「ルカ」二二・19）と命じられた。これを承けてその後復活体験をした弟子たちは、パンとぶどう酒を以てイエスの死と復活を記念するエウカリスティアを執行する伝統を生きたのである。今はこのエウカリスティアの内実と意義を次に解説してみたい。

一つは、パンとぶどう酒の形色に司祭の聖別の言葉が述べられると、この二形色は復活のイエスの実在的現存を宿すということである。二つ目は、このイエスの現存を宿す一つのパンが司祭によって裂かれ、その裂かれたパンを信徒一人ひとりが食することによって、そこに同じ一つの体、キリストの身体・教会が現成する。「エウカリスティアが教会を創成する」という古来の表現は、この親和的協働体現成を宣明にしているわけである。第三点目は、以上の復活のイエスと協働体から力を得て信徒たちは伝道に向かい、世界中から仲間を集めてくる。こうして愛の相生的協働体が世に浸透して広がり、現代の戦争と難民増加などの醜悪の只中に、親和の霊風がたとえわずかでも息吹きわたる機縁となるであろう。

以上のエウカリスティアが宿す親和力を支えているのは、「記念」に外ならない点に注意したい。想起・記念（zikkarōn, anamnēsis）についてわれわれは『過越祭のハガダー』を手がかりにその内実・意義をすでに探った。それによると想起が決して心理的な想起ではなく、過去の現在への現前化であること、特に『過越祭のハガダー』の記念は、アシュケナズ（東欧移住のユダヤ人）やスファラド（地中海沿岸に移住したユダヤ人）などディアスポラのユダヤ人がその苦難の地で出エジプトの解放を今ここで希望を以て生きる現在化ももたらすことを再確認しておこう。

第3節　修道生活・修道制の成立と展開

イエス死後の最初期にはキリスト信徒という名称はなく、弟子たちは「あの道（hē hodos）に属する者たち」と名指され（「使」九・2、一九・9、23など）、後にパウロが滞在したアンティオキアで初めて「キリスト者」（Christianoi 複数）と呼ばれた。

①　これら弟子の系譜から修道への第一歩が踏み出された。それは神の愛・イエスの福音に感動し神との一致を求める言わば垂直的な精神の飛翔であり、それをエジプトの荒野で体現したのがアントニオス（二五一頃―三五六）であった。その生涯はニカイア公会議（三二五年）時代に活躍したアタナシオス著『アントニオス伝』に詳しい。アントニオスはすべてを放棄し隠修士として孤独のうちに祈り神と親和しつつその聖性を高めていった。しかしいわゆる修道的協働体を生きたわけではない。晩年には彼の霊的指導を求める弟子たちがその許に集まったが、弟子たちも各々隠修士として人間社会の夾雑物の介入しない荒野で、神との一致を求めて修行したわけである。アントニオスについてはその修行中に悪魔の誘惑を受ける図像、例えば銅版画『聖アントニオスの誘惑』などが、西欧の一五―一六世紀によく描かれており、確かに荒野での厳しい孤独な修行が、ある種の精神的幻覚をもたらす危険は宗教的・精神医学的な各界からも指摘されている。その危険な精神的幻想をどう乗り超えてゆくかは、修道者の課題であり、そこに霊的指導の必要性が説かれるところでもある。その隠修士の伝統は、その後もエジプトやシナイ半島などで続いていき、今日ギリシアで自治権をもつアトス聖山にあってもヘシュカスム（静寂主義）を奉ずる多数の修道士が修行に勤しんでいる。(4)

②　東方において共住的修道制を創始したのはパコミオス（二九二頃―三四六）である。彼は最初洞窟にこもって生活をしていたが、天（使）的霊感を受け、一人の指導者（Abbâ）の許で、隠修士たちが一定の会則に従って共住生活をする修道制を創始した。会則についていえば、ここで祈りについて次のように定められている。「修道士たちに、日に一二回、夕に一二回、夜に一二回、そして9時（朝方）に3回の祈りをするように命じなさい」と。因みに、彼の妹が彼の修道院の近辺に僧房を営み修道生活を実践し、やがてそこに一八〇人くらいの信仰深い女性が集まり生活したことも述べ伝えられている。

③　この共住的修道院をさらに完成させたのが、カッパドキアの教父バシレイオス（三三〇頃―三七九）であった。彼は『修道士規定』(5)を弟子たちの質問に答える形で著し、共住生活の指針とした。他方で司教として、貧者やハンセン病者のための救護施設なども数多く創設したことも特筆に値する。

そもそも共住的修道院は、隠修士的垂直的な神との一致に重点をおくよりも、共住する兄弟との隣人愛の育みを主旨としている。今は『修道士規定』の中からこの隣人愛にふれたテキストを大略紹介したい。

第七問　神を喜ばせるという目的のために、同志たちと共同生活をすることの必要性と、孤独に生活することの困難と危険について。

回答　同じ住居の中でたくさんの人々と共同で生活を送ることは、多くの点において、より有益であると私は考える。その理由として、まず第一に、物質的に必要なものに関して私たちのうち誰も自足している人はなく、私たちは必要な物を供給するためにお互いを必要とし合っていることが挙げられる。……

創造主である神は、私たちが互いに結びつくように、私たちは互いの助けを必要とすべきものと定められたからである。また、以上の点を別にしても、キリストの愛の教えは各人が自分の個人的な利益を目的とすることを許していない。なぜなら使徒の言う通り「愛は自分の利益を求めない」（「一コリ」一三・5）からである。しかし、孤独な隠棲生活は各人が自分に必要なものに意を用いることのみを目的とする。これは明白に、使徒が実行した愛の法に反している。彼は、自分の益ではなく、多くの人の益を、その救いのために求めたのである（「一コリ」一〇・33）。また第二の点として、独居生活においては、彼を咎め、穏やかに同情をもって正してくれる人がいないので、各人は自分の欠点に容易に気づかないだろう。というのは、咎め立ては、それが敵による場合でさえ、思慮ある人間においてはしばしば矯正への欲求を生み出すものであり、罪の矯正が賢明になされるのは、(罪を犯した人を)心底から愛する人によるからである。なぜなら聖書は、「彼を愛する者は、一所懸命に彼を諭す」(「箴」一三・24)と言っているからである。……

加えて、私たち全員は、召命への一つの希望において一致し(「エフェ」四・4)、キリストを頭と載く一つの体である(「一コリ」一二・12以下)以上、おのおの互いに相手の体の一部でもある私たちが、聖霊における一致によって一つの体に結びつかず、一人ひとりが独居生活を選ぶならば、神を満足させるべく共通の利益のための配慮に泰仕するのではなく、個人的な自己満足のための情熱を満たしていることになる。……

そのうえ、一人であらゆる聖霊のカリスマ(賜物)を受けるに足るだけの人はなく、聖霊の恵みは各人の信仰に応じて授けられている(「ロマ」一二・6)から、共同生活においては、各人に個人的に授けられたカリスマは共に住む仲間と共有される。なぜなら「ある人には知恵の言葉、ある人には知識の言葉が与えられ、ある人には信仰、ある人には預言、ある人には病気を癒す力、等々が与えられるからである」(「一コリ」一二・8―9)。それらのカリスマのいずれかを受けた者は、それを彼自身のため以上に、他の人々のために所有するのである。それゆえ、共同生活においては、個人における聖霊の働きは同時に必然的にすべての者にも及ぶ。

④　このような男子の修道会の伝統とは別に女子の修道生活にも開花の兆しが見えてきた。その兆しをわれわれはニュッサのグレゴリオス著『マクリナの生涯』(6)に窺うことができる。マクリナは彼の姉で母が妊娠していた時、神秘的な名テクラが授けられた。テクラとは、一世紀の女性修道者で、かつてパウロの言葉によって回心し、迫害に耐え、遂にキリストの名によって自ら自分に洗礼を授け、その後母と共に女性の修道的協働体を創生したと伝えられる。彼女は古代末期の女性信徒にとって女性修道者の鑑であった。従ってマクリナがテクラの名を授けられたことはグレゴリオスにとって、彼女の将来の生の預告であったと語られている。

美しく育ったマクリナには父によって婚約者が選ばれたが、婚約者の急死後、母と共に修道生活に入る決断をした。そして家の下僕や端女の労働に頼らず、自ら労働し生活を支え、貧しい人々をも援助した。こうした清貧の生活が彼女を世間的な、あるいは家産に関わる雑事やわずらいから解放し、却って不断の祈りや詩編讃歌や天上的事がらへの観想に潜心する時を与えた。彼女は端女をも修道的姉妹として受け容れていったが、他方で兄弟や母に先立たれ、自らも病いに伏した。そして病床に付き添うグレゴリオスに自らの内的生活を明かした。それは不可視の花婿イエスに対する神秘的な情熱（エロース）と一刻も早く恋人イエスと一緒にいたいという欲求であった。悲しむグレゴリオスを苦しい息の下で励ましつつ、やがて周りに駆けつける人々に心も向けず、神とのみ語る祈りのうちに天に召されたのである。グレゴリオスはこのマクリナの生涯を著すことによって、徳の鑑マクリナを世に証しし、人々にこの鑑に倣って生き神の友と成るようにと語って今日のわれわれをも招いている。

この修道制の歴史について今は余り立ち入ることはできないが、その歴史上の重要な人物と転換点を次に大略列挙してみよう。その際、会則などの引用はその会の理念やそれを支える構成・組織などに関わるテキストにしたい。

⑤　西方では、様々な思想的感情的体験を経たアウグスティヌス（三五四―四三〇）が注目される。彼は北アフリカのヒッポの司教になり、修道制を推し進めた。その結実として「アウグスティヌスの会則」（Regula sancti Augustini）が定められた。われわれはこの会則の主旨の理解のために、次に幾章かのテキストを引照してみよう。

神の僕のための修道規則

第一章

（1）ここに、かつてあなたをも修道院に受け入れたあなたがたの修道規則を書き記すこととする。

（2）あなたがたがいっしょに生活するようになった第一の目的は、修道院に協調して住むことによって（「詩」六八・7）、魂と心を一つにすることである（「使」四・32）。

（3）何ものをも自分のものであると主張してはならず、むしろ、共有のものとしなければならない（「使」四・32）。長上は、食事と衣服を（「一テモ」六・8）配分するが（「使」四・35）、皆が平等に健康であるわけではないのであるから、皆に対して平均な仕方ではなく、かえって、おのおのの必要に応じてすべきである（同）。「使徒言行録」に「すべてを共有し」（「使」四・32）かつ「必要に応じて、おのおのに分配された」（「使」四・35）とあるからである。

第二章

（1）定められた時刻と時間には、祈りに熱心に励みなさい（「コロ」四・2）。

（2）祈りの場では、奉仕のための特定の目的から離れたいかなることも行ってはならない。なぜなら、そこは祈りの場なのであるから。もし、誰かが、自由時間のあいだに、定められた時刻以外ではあるが祈りたいと思った場合、他の仕事をしている者が妨げとならないようにである。

（3）詩編と讃歌で神に祈るとき、口に出す言葉を心に思いめぐらさなければならない。

…………

第八章

（1）主が、あなたがたに、霊的な美を愛する者（ウルガタ訳、「シラ」四四・6）、またあなたがたの善い行いにより（「一ペト」三・16）キリストの香り（「二コリ」二・15）を放つ者として、律法の下の奴隷でなく、恵みの下にある自由人として（「ロマ」六・14―22）、これらすべての戒めを愛をもって守ることができる恵みを与えて下さるように。

⑥　アフリカでなく、西方本土の修道制を樹立したのはベネディクトゥス（ヌルシアの）（四八〇頃―五四七年頃）であった。青年期にはスビコアの洞窟で隠修士として日々を送ったが、五二九年頃、モンテ・カッシーノで共住型修道院を創立した。そこでいわゆる「祈り、かつ働

け」（Ora et Labora）を標語とする「ベネディクトゥス会則」を作製した。

次にその会則内容にふれるが、深く記憶しなければならない点は、共住型修道院の創始者たちのいずれもが、まず神との垂直的な親和体験を生きたということである。パコミオス、バシレイオス、ベネディクトゥス、イグナティウス・デ・ロヨラなどの生を思うだけでもよいだろう。

「ベネディクトゥス会則」

第一六章

預言者の言葉に「日に七度わたしはあなたを賛美する」（「詩」一一八〈一一九〉・164）とあります。この七の聖数は、朝課、一時課、三時課、六時課、九時課、晩課、終課の時間に、わたしたちの奉仕の義務を果たすことで守られます。「日に七度わたしはあなたを賛美する」（「詩」一一八〈一一九〉・164）とあるのは、これらの日中の時課を指します。事実、晩課については、「夜半に起きあなたを賛美する」（「詩」一一八〈一一九〉・62）と同じ預言者は言っています。そこでわたしたちも、「その正しい裁きのために」わたしたちの創造者に賛美を、朝課、一時課、三時課、六時課、九時課、晩課、終課に捧げ、また「夜に起きて、主を賛美しましょう」（「詩」一一八〈一一九〉・62）。

以下、三三章では、私的所有の厳禁が、三七章では、老人と子供に対する慈愛が、三八章では、食事中の霊的書物の朗読が説かれ、最後の七十章では、会則は完徳の実践に関する規定をすべて盛りこんでいないので、修道者は聖なる先人たち、旧新約聖書の教え、師父殊にバシレイオスの戒律や講話などを通して徳に精進するよう勧められている。

このベネディクトゥスの精神は、会が頽落する毎に新しい革新運動を通してその時代時代に生々と甦って先達の役割を果してきた。われわれはクリュニー会（九一〇年）、クレルヴォーのベルナールで有名なシトー会（一一一九年）、別の流れを創るカルトゥジア会（一一七六年）、そしてシトー会から独立自律した厳格シトー会（トラピスト会、一八九二年）を通して今日もベネディクトゥスの精神にふれることができる。

西欧の歴史はいわゆる一二世紀ルネッサンスを経て一三世紀に至ると大転換を経験する。一つは、イスラム社会から科学やアリストテレスが導入され、それによって新しい知識や世界観を求めてパリ大学など大学が続々と設立された。神学や人文科学研究も深まり、若者たちがパリなど大学都市に集まってきた。季候も温暖となり、生産も増加し、初期の織物業を中心とした産業も勃興し、都市化が目覚しく進展した。他方で当時の終末論的危機意識の広まりもあって宗教的カリスマ的共同体も諸々に起こり、正統と異端の問題や論争も過熱した。この時代に、初代教会の福音の精神に立ち返って、清貧や使徒的宣教などに生きようとしたグループが興った。それが従来の農村を中心に定住し修道してきたベネディクト会型大修道院を超える新時代の托鉢修道会、すなわち、フランチェスコ会、ドミニコ会、観想を主体としたカルメル会であった。

今は異文化や都市化そして終末意識の嵐の中で活動したフランチェスコ会とドミニコ会についていささかふれてみたい。

⑦　フランチェスコ会、正式名称は「小さき兄弟会」（Ordo Fratrum Minorum）。

この会の創立者はアッシジのフランチェスコ（一一八一／八二―一二二六）である。その霊性は、徹底した清貧と人間のみならず自然に対する親和にある。彼の詩「兄弟なる太陽の歌」がそれを如実に示している。また女性の弟子キアラも女子クララ会を創立し、フランチェスコの霊性を体現し、こうして兄弟姉妹の協働体は協働しつつ今日世界中に根をおろしている。

フランチェスコの『公認された会則』（Regula bullata）

第六章　兄弟たちはいかなるものも自分の持ち物としてはならないこと、また施しを乞う

べきこと、および病気の兄弟について

兄弟たちは、いかなるものも自分のものとしてはならない。家も土地もいかなる財産もである。現世において彼らは異国を旅する人のごとく(「一ペト」二・11)、清貧と謙遜のうちに主に従い、信頼の念をもって托鉢に赴くべきである。兄弟たちはそれを恥じてはならない。なぜなら主はわれわれのために、この世で自ら進んで貧者となり給うたからである(「二コリ」八・9)。托鉢こそ、いと高き清貧の頂点をなすものである。わが愛する兄弟たちよ。これこそがあなたを天上の天国の世継ぎかつ王とし、財においては貧しいが徳においては高められた者とするのである(「ヤコ」二・5)。……

第一二章　サラセン人および他の異教徒の地に赴く人々について

神の霊感を受けて、サラセン人または他の異教徒の地に赴こうと望む兄弟たちは皆、自分の管区長から許可を求めなければならない。管区長は送り出すに適していると認めた者以外誰にも赴く許可を授けてはならない。私は従順の名によって管区長たちに命ずる。

「托鉢」はこの時代のフランチェスコ会やドミニコ会を特徴づける行持であった。それは大土地所有から離れ都市町村に福音巡歴する生活・行持をよく表している。またこのサラセン人への布教などの会則は当時の東西文化交流の雰囲気をよく表している。次に省略形であるが、フランチェスコの余りに有名な「讃歌」を引用しよう。それがどれ程プロメテウスの火(7)や原子力の火が収奪し人工的に造形する文明的自然と異なる自然への感動的親和であるか、が了解できるであろう。

主に造られしものの讃歌（澤田高訳）
いと高き方よ　これらはみな御身にのみ相応しきもの
誠に御身の御名を呼ぶに相応しきものはこの世に一人だになし
おお　讃美されよわが主　全ての主の被造物を造られたことによって
わけても兄弟太陽を造られたことによって
太陽は昼をつくり　主は太陽によってわれらを照らす
かれはなんと麗しく　なんとおおいなる光輝を発していることか
いと高き御方よ　かれこそは御身の似姿
おお讃美されよわが主　姉妹月と数えきれぬ姉妹星とを造られたことによって

この後フランチェスコは風、水、火、大地などを兄弟姉妹と呼び、主に讃美をささげてゆくが、最後に驚嘆すべきことに姉妹「肉体の死」さえも挙げて主を讃美する。

全て生を受けしものは　また死をも避け得ない
災いなことよ　罪あるまま死を迎える者
幸いなるかな　御身の聖旨を果たしつつ逝く人は
第二の死にもそこなわれない
おお　全ての造られしものよ
主を讃美せよ　ことほぎ感謝せよ　へりくだって主に仕えよ

⑧　ドミニコ会、正式名称は「説教者兄弟会」（Ordo fratrum Praedicatorum）。
ドミニコ（一一七〇頃—一二二一）は、「神と共に」（cum Deo）在って観想を深め、その観想によって「神について」（de Deo）得た真理を他者に説教などを通して語り伝えることをモットーとした。説教といっても、いわゆる教訓・訓戒などを意味するわけではない。あるいは聖書を事細かに解釈して教えるホミリアとも異なっている。それは異文化体験や様々な人々から聞いて

「時のしるし」を読みつつ、前や未来（prae）に向けて語る（dicare）、つまり預言者的性格を帯びているといってよいだろう。

今はその会憲（Liber Constitutionum et Ordinationum Fratrum Ordinis Praedicatorum）にいささかふれてみたい。

基礎的会憲

§Ⅳ．従ってわたしたちは、使徒たちの使命に与しながら、聖ドミニコが着想した形の下に、彼らの生活を受け容れたい。すなわち①わたしたちが心の一致のうちに共働生活を送ろうと努めること、②福音的勧告に対する誓願（特に聴従）に忠実であること、③典礼、特にエウカリスティアと聖務日課（詩編の共唱）および折りに熱心であること、④勉学に励むこと、⑤忍耐強く会則を守ること、これらの要素が会の形を形成する。これらの結ばれた要素は、ただ神に栄光を帰し、わたしたちを聖とするだけでなく、直接人々の救いのために働く。というのも、これらは一体となってわたしたちを説教へと準備し駆り立てるからであり、説教を形成し、逆に説教によって形成されるからである。これらの諸要素が相互に緊密に結びつき、バランスを保ち、相互に豊かにし合う時、その総合において修道会（Ordo）に固有な生活が形成される。その生活は、言葉の完全な意味で使徒的であり、そこにおいては説教と教えが観想の充実から溢れ出るのである。

ドミニコは、神学の勉学を大いに勧めた。その結実として西欧で大アルベルトゥス、トマス・アクィナス、M・エックヘルト、今日ではY・コンガールやD・シュニュー(8)が輩出して、各々の時代に神学や霊的生へのヴィジョンを贈与した。

最後にドミニコ会が西欧から始まり今日に至る世界に「選挙」という民主主義的遺産を伝えてきた点が注目される。すなわち、各修道院長はその修道院の兄弟によって選ばれ、その上長である管区長はその管区内の修道院長や代表によって選ばれ、会(Ordo)の総長は、各管区長たちの投票で選ばれ、総会と共にドミニコ会のカリスマ的頭として働く。しかも他方でこのカリスマは、管区や修道院さらに小さなコミノテを通して、すべての兄弟が参与するところとなる。このようにカリスマは選挙を通して、下から上へ、上から下へとめぐり行き会全体を活性化する。このドミニコ会の民主主義的な選挙制は、近世以降の西欧民主主義に大きなインスピレーションを与えていったとされる。

以上托鉢修道会の会則や働きについて瞥見したが、いずれも根本的に「アウグスティヌスの会則」を基礎会憲とするよう教皇から義務づけられていることを記憶しておきたい。

次に近代から現在に至る修道会創立の歴史を簡単に述べてみたい。

⑨　M・ルター（一四八三―一五四六）は、当時のカトリック教皇や司教が免罪のため発行し販売もした免罪符を、いわば改悔を欠いた物神崇拝的なものと見て「九五ヶ条の提題」（一五一七年）でこれを批判し、宗教改革の口火を切った。またその「信仰義認論」に拠ってカトリック教会が救いの契機とするサクラメントの物神的性格やそれを執行する聖職者組織を批判し、万人祭司性を説きまた他力的成義を自力的修徳行で否認するかに見える修道制を否定する運動を推し進めた。

⑩　この宗教改革に触発され、教会本来の姿を自覚し実践するために、イグナティウス・デ・ロヨラ（一四九一頃―一五五六年）など同志によってイエズス会が創立された（一五四〇年）。会は宗教改革運動を見据えつつ、「イエズス会会憲」を作成し、「より大いなる神の栄光のために」を

モットーとし、宣教と青少年教育に勤めた。会員は、スペインのマレンサ洞窟にて心霊修行を経たイグナティウス著『霊操』に拠って精進し行動的人格に成熟し、今日も全世界に布教し、特に東洋日本はザビエル以来の伝統もあって重要な宣教国とみなされ上智大学が創立されている。

⑪　現代における修道的協働体は、第二ヴァチカン公会議（一九六二―六五）の精神によって圧倒的な変容の力をえている。教会は旅する教会として、ヨーロッパ中心主義を離れ、他宗教や異文化などを受容し世界平和に向けて協働し、同時に抑圧された弱く小さな人々と共に歩もうとしている。その精神を生かそうとして、小さな修道協働体が注目をあびている（モップ、押田神父創設になる高森協働体など）(9)。その中で先駆的に生きたシャルル・ド・フーコー（一八五八―一九一六）とその霊的意志を継いだ「イエスの小さい兄弟会」（一九三三年）と「イエスの小さい姉妹の友愛会」（一九三九年）に注目したい。フーコーは元々北アフリカで軍人として放蕩生活に溺れていたが、イスラームの祈りにふれて回心、後サハラのタマンラセットで、イスラーム教に現存するキリストの観想と清貧とを通して隠修士的生活を送ったが、イスラーム過激信徒の凶弾に倒れた。その間彼は、ユダヤ教、キリスト教そしてイスラームが相生する地平を拓き、第二ヴァチカン公会議の精神を先駆的に生きたといえる。われわれは、次に「イエスの小さい姉妹の

友愛会」の会憲の一部を紹介したい。

第一部　イエスの小さい姉妹達の召命　世の只中での観想者

ナザレのイエス、唯一の模範、「道、真理、命」

1—イエスとその福音の故に、主の呼びかけに答え、イエスの小さい姉妹達は、神を愛し、兄弟姉妹である全ての人を愛して命を捧げます。聖霊の助けによって、小さい姉妹達はイエスに従うために全てを捨てる事を誓い、このようにして、イエスの救い主としての使命に参与するのです。

…………

第一章　ベトレヘムとナザレ　貧しい人々における神の国

8—イエスは御自分と最も貧しい人達を真に同じものと見なされました。イエスは最も貧しい人達と真に同じものとなられました。

「はっきり言っておく、私の兄弟であるこの最も小さい者の一人にしたのは、私にしてくれたことなのである。」

ですから、小さい姉妹達はイエスに従うことは、自分達の兄弟である貧しい人達、圧迫されている人達と共にいることだという不動の確信を持ち続けるのです。

小さい姉妹達は、自分達の友愛の家々を貧しい人達の生活している所に置くように努め、貧しい人々の社会的条件、苦しみ、はずかしめ、住まいの貧しさ、肉体労働の厳しさ、ある意味で道義に叶えない惨めさの故に人々から排斥され拒絶されることを共に分かち合うのです。

創立の時から、小さい姉妹達の召命が、姉妹達を優先的に遊牧民の方へ、近づきにくく、忘れられ、軽蔑されている環境の方へと、少数民族の方へと、無神論や物質主義に深く影響されている社会の方へと駆り立てて行きました。この直観に忠実に留まるために、小さい姉妹達は状況や時代に応じて、最も適切な手段や方法を見つけるようにします。

⑫ フーコーがイスラーム教に霊感をえたように、インドのヒンドゥー教とキリスト教の霊的相生に生きた人々も大いに注目に値する。ベネディクト会フランス人修道士としてヒンドゥー教の遊行者として生きたアビイシクターナンダ（一九一〇―七三）、『ヒンドゥー教の知られざるキリスト』を著し、現代の危機を宗教的連帯で突破しようとしたパニカー（一九一八―）、聖教会の信徒でありつつインドでヒンドゥー教的アシュラム協働体を生き、高森をも訪れたマレー・ロ

ジャースなどがその例として紹介される。彼らからその霊的挑戦と各宗教の神秘伝承に秘められる霊的生命の根源を洞察する力とを今日の思想家、宗教家そして志ある青年は学ぶことができる。

これまで新約以後の典礼、エウカリスティア、修道生活における親和を語ってきたので、次に現代思想にまで及ぶ思想史を辿って、われわれの主題をさらに考究していきたい。

註

（1）イエスの祈りとは「主イエス・キリスト、神の子、（罪人なる）我を憐みたまえ」と唱え続ける祈りで、呼吸と合わせたり、前傾座位をとったりして祈る形もある。東方教会に伝わる主要な祈りで、現代もギリシア・アトス山で隠者が日々行持している。そこではイエスの現存と光の体験が目指されている。

（2）サーロフの聖セラフィームについては、セルゲーイ・ボルシャコーフ著『ロシアの神秘家たち』（古谷功訳、あかし書房、一九八五年）の第七章を参照されたい。

（3）東方と西方の精神性や典礼の相違については、拙著『教父と愛智』（改訂増補）新世社、一九九〇年、七二―九二頁を参照。

（4）ギリシア教父はすでに指摘したように神において超絶的な本質（ウーシア）と他者と関わりうるエネルゲイアを区別していた。それに基づき東方の神秘神学や霊的修行が目指すのは、祈りを通して神のエネルゲイアに与ることであって、決して神的本質との一致を目論むわけではない。

（5）大バシレイオス『修道士大規定』（桑原直己訳）中世思想原典集成２、盛期ギリシア教父、平凡社、一九九二年。

（6）*Vie de Sainte Macrine*, S.C. 178, Cerf, 1971. グレゴリオスが姉マクリナの霊性、修道、生涯にふれた著『聖マクリナの生涯』については、拙著『言語と証人』第八章を参照。

（7）ティタン神族の一員プロメテウスは、オリュンポス神族のゼウスから火を盗んで人類に与え、火の利用法である技術をも教えた。ここから人類の技術文明が展開するのであるが、他方でプロメテウスはゼウスに罰され、コーカサスの岩山に縛りつけられ、巨大な鷲が彼の肝臓を貪るという劫罰を受ける。詳細は、拙著（前掲）『出会いの他者性』中、第1部第一章を参照されたし。

（8）Y・コンガールはフランスの神学者でドミニコ会士（一九〇四―九五）。教会論や聖霊論に新風を吹き込み、第二ヴァチカン公会議では神学顧問を務めた。もう一人のマリー＝ドミニク・シュニュ（一八九五―一九九〇）は、フランスの新神学の先駆者として、トマス神学に「歴史批判的方法」を適用し、公会議に寄与した。また労働司祭運動にも道を抜き参加した。

（9）高森協働体の理念と実践は、一九八一年九月二十一日―二十七日に開催された「九月会議」に典型的に現れている。この会議については、『九月会議――世界精神指導者　緊急の集い』思草庵を参照されたし。

第五章　ギリシア哲学とキリスト教における親和と醜悪

第1節　古典ギリシア

①　ピュタゴラス学派

ピュタゴラス（前六世紀）の生涯については不明である。その学派によると世界は数から成り立つとされ、その中でも十は完全数であり、天体の数も十であって、宇宙を司どる「中心火」の周りを回転する。この回転運動によって親和的な「宇宙の美しい調和」（harmonia mundi）が音楽として響き、理性的魂を浄化するという。この学派の親和的神秘主義的な性格がそこに示されている。

② プラトンからプロティノスへ

プラトン（前四二八頃—三四八頃）は、ソクラテスの「善く生きる」ことを探求の核心として、徳（アレテー）のイデアを構想した（中期）。徳によって魂が善くみがかれるからである。その後美（kalos, kalein　魅了して呼ぶの意）のイデアを含めた諸々のイデアを統合し親和的関連におく善のイデアを立てイデア論を完成した。

彼の『国家』における「太陽の比喩」が示すように、善のイデアは太陽が万物を育み照明するように万物の存在と知の根拠とされる。国家はこの善のイデアを体現した哲人王によって支配されるとした。また国家における人の目的は善のイデアに向けて魂を有徳化することであるという。そのためプラトンは、アカデメイアを創立し、若者の相互親和的学びと各人の魂とイデアの親和化への道を抜いた。

プロティノス（二〇五—二七〇）は、流出（emanatio）によって万物や人間の生成を説明した(1)。それによると最初の三原理が、万物の流出の根源となる。すなわち、一者（ト・ヘン）、次に主＝客関係をもつ二である知性（ヌース）、三番目には自然世界の流出根拠である純粋魂（プシュケー）が次々と流出し、この三原理に元素・質料が加わって世界が成立する。プロティノス著「美について」（『エネアデス』1—6）の第九章には「善は自らの前に美を幕としている」「善が根源的美（to prôton kalon）」であると述べられており、実は一者は美ともいえよう。元来「一者」は言詮を絶しているので、善とも美ともいっても比喩的表象に過ぎない。

それではこの宇宙における人間の立ち位置はどうなのか。プロティノスによると、人間は原理的ヌースに由来するヌース（知性）と地水火風などの元素から成る身体とそれを活性化する魂から成るとされる。人間は日常の物質的肉体的生に棲み狎れて、一者をはるかに忘却しているが、哲学によってそのヌースが働き始めると、肉体的質料的生から回心し浄化されて己れの根源である原理的ヌースに向けてエロース的飛翔を遂げてゆく。そして原理的ヌースを超えて一者（美）と合一するに至る。それは哲学の目的であり自己の根源への回帰といえる。

今はその親和的合一体験を描いた「美について」(2)から一部引用してみよう。

さて、この究極のものを人が見た時、それとの合一を願い、いかに激しい愛、いかに大いなる憧れを抱くことか。いかに大きな驚愕と歓喜を覚えることか。それというのも、未だこの究極のものを見たことがない者には、善いものとしてそれを目指し求めることはあり得るが、それを見た者としては、美しさの故にそれを愛し、驚嘆と歓喜に満ちあふれるのも当然だからである。更に、それを見た人は当然だが、大きな衝撃を受けながらしかも傷つかない。真の愛でそれを愛し、責苦の種となる情欲や、その他の愛欲を嘲り、以前には美しいと見なしていたものを軽んずる。このような体験は、神や神霊の姿に出会った人々すべてが味わう体験に似ている。この人々ももはや、断じて、他の、肉体的美しさを以前のようには容認することができないのである。美そのもの、浄らかな独立した美、肉にも物にも汚されぬ美、地にも天にも在らぬ美を浄らかであることを願って、観じた人の体験は、今、述べたような体験を別にしては考えようがない。そして他のすべての美だが、それは他から異質のものが加わってできる混合物であり、根源的ではなく、かの美から派生したものである。したがって、人がかのものを見たとすれば、いかなる結果になるか。かのものは一切に美を贈り施すが、自己自らにとどまり、与えるのみで何物をも自己へは受容せぬものである。そのようなかのものを見た時、それを眺め続け、それを味わい、それに同化するとすれば、他のいかなる美をその人は更に求めるであろうか。というのも、ほかならぬそのものこそ最高度の美自体、根源的美であって、それを恋し、それを慕う者は、それによって美化され、恋い慕われるにふさわしい品位を得るからである。

ここでプロティノスの一者（善美）との合一への道行きは、プラトンやアリストテレスの学的協働の相生とは余程異なって、他者との相生的な親和から隔絶した全く単独者的内的探求である点を指摘しておきたい。

③　アリストテレス

前述のようにアリストテレス（前三八四―三二二）はその『形而上学』を通して永遠に回転する諸天球の外に、それらを統治する神・「不動の動者」の存在を証明した。すべての事物は、第一目的因であるこの神を志向し、低次の原因から高次の原因、つまり動かされて動かす因果系列を成す。しかしこの神は「思惟の思惟」として自己の善美を観照するに留まり、因果系列を超えて他者に出会うべく歴史世界やわれわれの許に直接到来することはない。その意味で「形而上学」的世界にあっては、ロゴス・キリストの受肉などの親和的な愛の思想の余地はなく、真の他者論は欠如していると言わざるをえない。それでも彼はポリスの自由市民が、神の観想に向けて生きる道を『ニコマコス倫理学』を著して示している。

次にわれわれは西欧の近世以降を辿って美・愛と醜悪のテーマを瞥見していこう。

第2節　近世以降

近世以降の美・親和学は、美学の父・A・G・バウムガルテン（一七一四―六二）によって端緒が開かれたといわれる。彼は明晰判明な知性認識の完全性（哲学）に対して、詩的表象のような曖昧でイメージ的な表象を感性的とし、この感性的表象に関わる非論理学的学を「感性学」(aesthetika）と呼んだ。そしてこの感性学を展開し美的判断の規則を定めた『美学』を著した。こうして美とは感性的認識の完全性として規定され、宣明にされた。

④　美の問題を全く新たな視点で拓開した近代の人にわれわれはカント（一七二四―一八〇四）を見る。

周知のように彼は『純粋理性批判』において、感性界とは現象の世界に外ならず、そこでは自然因果律が支配し、人間に認識できる世界はそれ以外にはありえないと述べる。従って従来の形而上学的認識の三大柱、つまり神、全世界、魂に関わる認識志向は理性の越権であると批判された。対してカントは続く『実践理性批判』で逆に意志の自由と道徳律が支配する超感性的世界を開示した。その開示内容を大略垣間見てみよう。

われわれが、幸福とか利益とかを目的として行為せよと命令する質料的実践原理に縛られている場合、意志は自由ではない。意志の自由は、ただ端的に「――せよ」と命ずる道徳律の存在という「理性の事実」から出発して明らかにされる。というのも、意志の自由がなければ道徳律は受け手不在となって無意味となる。その意味で意志の自由は道徳律の存在根拠（ratio essendi）といえる。他方でわれわれは、超感性界で働く意志の自由を直接認識できない。意志の自由を知らせてくれるのは道徳律の存在である。その意味で道徳律は意志の認識根拠（ratio cognoscendi）である。

以上のカントにおける理論理性の感性界と実践理論の超感性界との分裂は、深淵のように橋渡しできないアポリアとなって残っている。それではカントはこの深淵をどのように橋渡ししようとしたのか。

それは自然の合目的性（Zweckmässigkeit der Natur）という概念によってである。カントは、感性界と超感性界相互は異なる世界であるが、と言って次のように続ける。(3)

それにも拘らず超感性的世界は感性的世界に対して影響を及ぼすように定められている、即ち自由概念は、その法則によって課せられた目的を感覚界において実現するように定められているのである。従ってまた自然は、その形式の合目的性が自由の法則に従って自然において実現さるべき目的の可能と少なくとも一致調和する、というふうに考えられ得ねばならない。

つまり、自然界の根源に超感性的な自由の法則が秘められていれば、因果律に従属する自然界にも目的が秘められており、自然は合目的であることになり、かくて自由の法と自然の法は根源的に調和しうるということになる。ところが、理論理性の立場に立つと、因果律に従う自然界に合目的性を措定することは悪しき形而上学に陥ることで誤りである。他方、実践理性も感性界に自由や合目的性を決して措定しない。とすれば、やはり自然の合目的性とは幻想的な主張なのであろうか。このアポリアを超克するためにカントはさらに判断力（Urteilskraft）を提起するのである。

カントによると「判断力一般は、特殊を普遍のもとに含まれているものと考える能力である。……この場合の判断力は、規定的判断力である(4)」。この判断力は、直観によって与えられる多様な特殊を悟性が与えるア・プリオリな普遍の下に包摂する。その限り、自然の合目的性という別な原理を必要としない。

対して反省的判断力は、自然における特殊から普遍へ昇っていくことであり、普遍は与えられていないので自らの先天的原理、つまり自然の合目的性によって自然的対象の中に経験的に合目的性を見出してゆく課題を負っている。

カントは、美と有機体においてこの合目的性を見出しうるとして議論を進める。

反省的判断力のうち美学的判断力（die ästhetische Urteilskraft）とは、主観的合目的性を快・不快の感情によって判定する能力である。だから美は決して客観的対象の性質や規定性ではなく、主観的欲求に合目的的な快の感情を生み出すものとされる(5)。

もう一方の目的論的判断力とは、自然の実在的客観的合目的性を悟性によって判定する能力であって、例えば「有機性」「生命体」などを自然の合目的性に適うと判断する。

このようにカントにおける美は、主観的合目的的な快の感情に関係づけられ、客観的な被造的世界の善美を説く創世記的キリスト教的感性美とは全く対比的な美論といえる。

われわれは次にカントにも関係するデカルト以来のカルテジアニスム（デカルト主義、cartésianisme）の伝統、特にフッサールをとり上げ、その他者論、親和性を窺ってみたい。

⑤　フッサール

親和的他者論と最も関係が深い思想はフッサール（一八五九―一九三八）の場合「志向性」である。彼によると意識とは不断に意識に超越的な外的な対象に向かう。その向かう働きを意識の志向性という。その意識の志向性は常に「何ものかについての意識」（Bebusstsein von Etwas）として定式化される。その意識はさらに「意味付与の働き」（ノエシス）と意識が構成する意味（ノエマ）に概念的に分別されるが、この問題にはこれ以上立ち入らない。

志向性による他者（何ものか）の経験にあって重要な他我経験に至る何ものかは、私の身体（Leib）である。それはどういうことか。

フッサールは身体領分についてまず語る。「私の物体的な身体は、私の原初的領分において、自分自身に振り返って関係するものとして、中心的な「ここ」（Hier）という与えられ方をもつ。それに対して、あらゆるその他の物体と〈他者〉の物体（身体）は、「そこ」（Dort）という様態をもっている。そこというこの方位づけは、私の運動感覚（キネステーゼ）によって自由な変更をこうむる」(6)と。

すなわち、私が運動感覚を働らかせ、あちこちに移動し現れると、ここそこも相互に入れ変り、現れの空間が現出する。その現出空間内で私はここにいて、他者はそこにいる。身体的な在り方をして。そこでフッサールは次のように続ける。「詳しく見れば、もし私がそこに行きそこにいたならば、私がそれ自身を同等にもつであろうような、そうした現出の仕方をもったものとして（他者を）捉えている」と。従ってこの他者・他我の私に対する現前化の仕方は、あたかも私が身体的にそこにいるかのように現前化するのであり、私が自己の身体的振舞いに対をなすものとして他者の身体的振舞いを検証しつつ、他我を構成する。こうして複数の他我が構成される時に、万人に共通な客観的世界としての「間主観性」の世界が現出する。

しかしこの間主観性は、真実に他者の世界なのであろうか。フッサールによると結局他者は私の自我から、いわば類比体として、第二の自我として構成されるわけで、自我の変様態であることを免れない。

⑥　こうしたフッサールの他者論の限界を自覚し、他者に迫ろうとしたのが、今日のフランス哲学である。

われわれはその中から殊にE・レヴィナス（一九〇六―九五）をとり上げよう。

まず彼の他者論の端緒として「疚しい意識」（mauvaise conscience）が俎上に載せられる。(7)

レヴィナスは志向的意識が「存在すること（esse）の努力（conatus）」（conatus essendi）とほ

ぼ同語反復的な実践であり、存在者の存在の支配とまで言い切る。それ程志向的意識は、世界と諸客体を再現前化し、把握し取得・専有し在らしめるべく働く。

またこの意識は意識自らをも対象とし、自我について様々な反省を行う。しかしレヴィナスは、この自己反省的な意識に暗黙のうちに随伴するそれとは別な前反省的な意識を指摘する。この前反省的意識は、あらゆる志向から退いた暗黙の意識であり、能作ではなく、純粋な受動性だとされる。名前も、立場も、資格も、あらゆる属性を剝ぎ取られ、存在・世界の中で現前を恐れる現前として、むしろ世界のうちにあるのではなく問い質されてある。だから主格ではありえず、「対格」である。存在するというおのれの権利の責めを他者のために問い質される対格なのだ。「私が〈世界内にあること〉、私の〈日向〉、私のわが家とは、他者に属する土地の簒奪ではなかったか。他者はすでにして私によって圧迫され、飢えているのである」[8]。これが疚しい意識の問いなのである。レヴィナスは、この意識が「他者の死に対する恐れと責任」を通して「顔」、つまり「私を一人で死なせないで、殺さないで」という言葉の地平を披くと語ってゆく。

その顔は、赤裸で弱く、暴力にさらされている。その顔を人は殺すこともできる。しかし顔は「殺さないで」と呼び続けている。その呼びかけに対して、私が「彼を一人で死なせない」と応える時、その応え（répondre）は、責任（responsabilité）となる。この責任によって始めて個的主体「私」が成立する。こうしてレヴィナスにあって倫理的地平、他者との親和的世界が披けてゆくのである。

この「疚しい意識」から出発して成立する「顔」こそ、私の志向性・存在の努力を逆に押し返し破って到来する「反志向性」(contre-intentionnalité) である。だからその反志向性は、存在と存在論的同一 (le même)、西欧形而上学の偶像・存在を突破して、その前で祈り讃美しうる他者・「生ける神」までもたらす異化といえる。

反志向性について付言すれば、J・L・マリオンは、愛を偶像を破って到来する親和的反志向性として立てている。(9) 例えば若者が志向する愛人を得、恋愛に成功し、志向性が満たされ、彼ら身内だけの空間に停滞するよりも、むしろ失恋のどん底で、愛人たる他者への無力感、喪失感、志向性の内で苦悩することが、反志向的に訪れる他者を真に受容してもその愛に留まらず愛を超越的に育んでゆく。そのことを親和的反志向性の一事例としてあげてみたい。しかし現代では、無機物、無機的文明への親和という異変が生じ、何か異様な親和性が生じ拡大しつつある。その点を最後に指摘しておこう。

⑦ 幾何学的無機物への親和的な愛

ルネ・デカルト（René Descartes, 1596-1650）にとって学問の理想は「普遍数学」（Mathesis universalis）である。それはすべてのものを順序（ordo）と計量関係（mensura）に還元して説明する統一的学問である。すなわち、あらゆる存在者を数量的関係として、さらに量的記号に還元し表現する法則とその法則体系（科学理論）として理解する学である。こうして全現実の真理性は数学的確実性とされた。そこから近代科学、つまり世界全体を物理的科学的像・システムとして構成する学が生じ発展してゆく。

デカルトはしかしこうした普遍数学、物理科学の知の根拠を求めて、あらゆる知や感覚を疑う方法的懐疑を展開する。そしてあらゆるものの懐疑の果てに「すべては偽だと考える」考えるということが残るとし、「私は考える、故に私は在る」（cogito, ergo sum）という命題を哲学の第一原理とするわけである。

そこから重要な次の二点が帰結する。

その一点は、「私」とは考える思惟に外ならず、身体は物体界（corpus）に属する物体（corpus）とされ、そこに心身二元論が成立する。二点目は、物体とは何かという問いである。その問いの答えを示すため彼は「蜜ろうのたとえ」を用いる。蜜ろうに火を近づけると、香りも色も消え、形は崩れ、液状となり感覚的対象としての蜜ろうは消え、そこに精神によってのみ把握される明晰判明な観念「幾何学的延長」が現出する。つまり物体とは幾何学的延長に外ならず、理性はこの延長を無限分割し粒子とする。その粒子の運動を数的法則化しさらに理論化し、対象世界を構成する。ここに理性と物理科学的対象世界、つまり主体と客体という近代の二元論的図式が成立する。さらにこの物理的理論と技術が結合し世界を物理的世界像へと改造し変容させる。そこに無機的文明世界が次々と造られ続け、このようにして今日われわれは大都市文明に象徴される無機的文明とその生活を生きているわけである。

そしてこの無機的な諸事物に親和し狎れゆき、無機的親和的センス（aisthēsis）にますます生きてゆく。そこでの生活は、生活世界の生活とは異なる。生活世界を概観すれば、それはわれわれがそこで生まれ伝統的な文化に生き、親しい人々と言葉を用いて交流し、また新しい言葉によって新しい文化を生み愛し、有機的な自然と親和的生を生きる元協働体である。

フッサールは近代以降のわれわれ人間がかかえる問題を『ヨーロッパ諸学の危機と超越論的現象学』（第二部九節）において次のように指摘している。すなわち、今日われわれが生活世界を忘れ、物理科学的世界像を唯一の現実として生きていることは、一つの抽象的世界を全体としてみなしてそこに閉じ込められ、抽象的理性的人間として生き、人間を忘却することを帰結する。そこでは身体性を喪い、あるいは奇形的な形でしか身体を生きえない人間が出現する。こうした抽象的世界観・人間観が他者の他者性を奪うアウシュヴィッツの悲劇をもたらしたのではあるまいか。(10)

以上、現代に至る親和性の多彩多様な現出を追ってきたので、次に総括的な展望に臨みたい。

むすびとひらき——受難・醜悪とエヒイェ的親和性の開け

「むすび」においてはこれまでの一章—四章における受難や醜悪の考究を通して、それを超克し親愛世界の開闢を告げる親和的感性の構想に着手する。続く「ひらき」においては、この新しい親和的感性学とその根源であるエヒイェ的キリスト論にふれ、終末的危機的醜悪そのものといえる現代における愛の感性学としての親和的相生的美学の那辺を展望したい。

むすび——親和的認識の拓けと醜悪

一章では親和的認識（cognitio per connaturalitatem）を神学の構築に用いたトマス・アクィナスをまずとり上げ、親和性を解説した。親和性とは文字通り、愛によって相互の本性を通して相手を知る認識の根拠である。トマスは親愛による神との一致のうちに拓ける神的事物に関する知を、理性の使用による神学的知識を超えた親和知として神学の中枢にすえたのであった。われわれはこの親和的認識が、詩や芸術の領域そして神秘体験にまで及ぶ動態をトマスの系譜を近代で継承するＪ・マリタンに拠って解説した。続いてこの親和的認識をオリゲネスなどのギリシア教父から西欧の神秘家を支えた『雅歌講話』の伝統に関わる諸相を通して説明した。

二章では「創世記」と「出エジプト記」によって世界創造および奴隷の解放という善美と原罪という醜悪とを考察した後、ホセア、エレミヤ、第二イザヤなど預言者における愛と裏切り、偶像崇拝と捕囚などの醜悪に思いをこらした。この旧約テキストの考究を承けて、第三章の新約テキストにおいては、イエスと抑圧され醜悪にまみれた女たちとの愛と親和的関係が際立たせられた。続く第四章では、イエスの愛を範型としたキリスト教の修道制や神学的典礼的な歴史的展開を調べた。その考察は、第二ヴァチカン公会議にまで及ぶ。さらに五章では、ギリシア古典哲学からカントの判断力批判・フッサール的間主観性論を経て、現代のフランス哲学、殊にＥ・レヴィナスに及ぶ思想史および倫理学的他者論における愛・善美と同時に戦争・難民などの悲劇・醜悪が露呈・確認された。ところが現代の無機的文明の只中に無機物への親和といういわば前代未聞の感性が生じていること、それがこれからも深く浸透する勢力であることが指摘された。

以上の「むすび」を基本として百尺竿頭一歩を進むとどのような「ひらけ」が展望されてくるのであろうか。

ひらけ――キリスト論的エヒイェ感性学

われわれは、愛と憎、有機的食卓とサンヘドリン的無機的組織、天上とサタンなどの只中に生きた範型的人物としてイエス・キリストから出発せねばなるまい。だからといってこれからキリスト論を構想し樹立するわけではない。

イエスの生は、彼を地上に遣わした父なる神と称せられる彼の生命的根源との親和的ヤーダ的関係に支えられ活性化されている。つまり彼は超越的な父なる神を、エヒイェとして受容体現した。それは彼が神を「アッバ」(父よ)(「マコ」一四・36)と極めて親和的に呼び、祈り対話し一致していたこと(「マタ」一四・25―27)によって証しされる。

イエスの生はこの父の意志に十全に応える以外の何ものでもなかった。受肉からサタンとの闘い、食卓協働体を通しての神の国運動、病者の癒し、受難、磔刑死、シェオール(陰府)への降下(「使徒信条」)、復活、イエスの代りに働く霊(プネウマ)の付与、信徒との相生(「キリストの身体」と共に在る相生)、エウカリスティアにおける現存に至るまで激烈に愛と醜悪の襲来を生きた。殊にその十字架上の姿は、ギリシア的調和美の形からすれば逸脱した形なき（déformé）姿であり、十字架が彼の無限の他者への愛である以上、この déformé の姿こそ新しい感性によって美と讃美されるであろう。その美に拠って新しい感性学（Aestitika）が拓かれる。

今日ギリシア正教は、イコンとしてキリストの様々な愛と美を刻み、イコノスタシスは東方的感性学の象徴ともいえる。また西方では、例えばミケランジェロのピエタ像、特にロンダニーニの déformé されたピエタ像として刻まれ、あるいはフラアンジェリコの画像に昇華され描かれている。これらの東西キリスト教の感性学を通して今日われわれはマリオンなどが強調する偶像突破の力であるイコンの根源者イエスと彼の愛の美学を自覚し体現し続けてゆくべく呼ばれている。

しかしながら、如上の呼びかけに応えるにしても現代における我々を取り巻く状況は、未曽有の醜悪に満ちている。筆者子はこれまで次の三点において現代の終末的ともいえる醜悪の生起を指摘してきた。その内容の詳細は、別の論文にゆずるとして今大略説明してみたい[11]。

一つは、アウシュヴィッツの問題である。このナチス支配下における強制収容所は、反ナチス的有罪者を留置し処刑することを目的とするのではなく「生きる資格がない者」という新概念の下に「あたかもかつてこの世に存在したことがなかったかのように」人々、特に劣等種とみなされたユダヤ人やスラヴ民族を抹殺する「絶滅の檻」（Vernichtungslager）であった。しかも「あたかもこの世に存在しなかったかのように」するには、収容所はその人の一切の記憶を奪い去る仕方で機能する。それ故「忘却の穴」(Höhlen des Vergessens) とも呼ばれる。[12] このように人の生死を無意味化する「絶滅の檻」はそれ自体が無意味、虚無とさえいえる。この虚無に直面して西欧文化は歴史を通して営営として築き上げてきた一切の価値、すなわち、神への信仰、道徳律、人格性、ヒューマニズム、民主主義、芸術文化などの価値は全く破綻を見たといってよい。それ故T・W・アドルノは、「アウシュヴィッツ以後、詩を書くことは野蛮だ」と叫び、『否定弁証法』の一節「アウシュヴィッツの後で」において「絶滅の檻」で人間の尊厳である死が奪われた以上、「アウシュヴィッツの後で生き延びることが許されるか」という問いを提起し、深刻な審問として思想界につきつけている。[13] だからこの審問を承けわれわれは、今日も「生きる資格がない者」と烙印を押し、人間を抹殺する諸勢力の暗躍を暴いて示し続けてゆかねばならないであろう。アウシュヴィッツは歴史上の過去とされる一事件ではないのである。

この絶滅収容所とその現代的諸勢力の背景にはもう一つの醜悪が垣間見られよう。それは「エコノ＝テクノ＝ビューロクラシー＝軍事権力体制」であって、正に経済、政治、官僚、技術文明の一体化した全体主義的支配なのである。[14] 第二次大戦前からの西欧帝国主義では、この体制が成立しており、今日の世界の経済市場、経済勢力とその動向を左右している。特に今日では金融資本主義が絶対的な支配権を握っているとされる。金融資本主義とは、巨大化に伴う産業が莫大な資金を必要とし、銀行がその資金援助をする形で産業と銀行が癒着して成立する資本主義の現代的形態であって、国家権力もこの資本主義に奉仕・隷属する。この全体主義は今日地球上の辺地、例えばアマゾン、アフリカの奥地などにも浸透している。

この醜悪にからんでもう一つ、三番目の醜悪が露呈される。それは「巨大科学」である。巨大科学について詳細な議論を繰り広げたのは核化学者の高木仁三郎博士である。(15) 博士の趣旨を紹介すると、現代の巨大科学が発展した具体的契機は「マンハッタン計画」であるという。すなわち、第二次大戦開戦前夜（一九三八年末）、ナチス・ドイツで原爆製造につながるウランの人工的核分裂反応の現象が発見された。そこで米国は先手を打って一九四二年から国家的な原爆製造計画（マンハッタン計画）に着手した。そのため科学者や技術者などが総動員され、国家財政、官僚組織、物資などが全面的に投入された。こうして原子力をめぐる国家的プロジェクトとして巨大科学が誕生したというのである。

この科学の現代社会や人間の感性への影響は、先述の無機的文明や生活への無機的親和として定着し全世界的に拡大の一途を辿りつづけている。核開発や原子力発電所などの加速的展開、加えて新しい人間像「ホモ・アトミクス」も生まれており、そのことは深刻な人間像や感性の変化として自覚し考察されなければなるまい。これは今日の大いなる課題である。

以上の巨大で終末的な醜悪の只中にあってわれわれは、一つには先述のイエスとその生から何を学び、どのような超克の力を得ることができるのであろうか。あるいは愛自体を体現したような人格から何を学びうるだろうか。これは人間としての人間すべてが直面する問いである。

もしここで醜悪超克に向けた一つの鍵を示唆するとすれば、それはわれわれがこれまで探究し暴いてきた「エヒイェ」（脱在）といえるであろう。

ヨハネ伝に宣明されているように、イエスは自らを「エゴー・エイミ」と啓き示した。それは抽象的存在概念ではなく、正に歴史の中にコミットし、最も小さな人々を権力から解放し、共に歩み相生しつつ不断に未来の時（カイロス）を開闘してゆくエヒイェなのである。われわれが、もしこのエヒイェを体現できれば、それは件の三つの醜悪を超克する力をうる契機と成りえよう。エヒイェの体現は、根本的にエヒイェの恩恵であるが、教父や宗教的神秘伝承また神秘体験とそれに関与する修道的行持の伝統が人間の側からする体現可能性を示唆している。

さらに具体的に言うならば、ベルクソンのいう創造的進化において突如生起する「生命の飛躍」（élan vital）をいわばさらに飛躍させた「愛の飛躍」（élan d'amour）をなした特別な魂たち・人々である。ベルクソンはその人々について言う。「総ての魂と血縁であると自ら感じ、集団の限界の中に止らず、自然に依って設定された連帯を以て足れりとせず、愛の飛躍をなして人類一般に向かって進んでいた特権的な魂が出現した[16]」と。ベルクソンによると彼らは、ギリシア的知的観照の神秘家（プロティノスなど）やインドの苦からの解脱を目指す諦観の神秘家を超えて莫大な生命の流れにとらえられた愛の行動的神秘家である。ベルクソンは、聖パウロ、シエナの聖カタリナ、アビラの聖テレサ、聖フランチェスコなどキリスト教の神秘家をあげているが[17]、われわれとしては、ガンジー、マザー・テレサ、良寛、ロシアのサーロフの聖セラフィームなどの人々を付け加えたい。加えてこの世の片隅で貧しい人々のため隠れて働いた、あるいは働いている無数の人々を忘れてはなるまい（アフガニスタンで運河を開削した中村哲医師[18]や高森草庵の創始者押田成人と草庵に生きる人々など）。

われわれは如上の人々からエヒイェの消息を学びうるのであろう。とすれば、われわれ自身に対していわば他者との親和相生を目指した修道的霊的深みへの祈りは日々いよいよ求められてくるといえよう。

以上が「むすびとひらき」である。しかしこれは今回の「むすびとひらき」であってわれわれがエヒイェに倣う背面的聴従の道行きを辿る限り、エヒイェの無限な脱在に能う限り倣うのであれば、次々と新たな道行きの標識となる「むすびとひらき」が描かれてゆく。
それでは次回の「むすびとひらき」がどのようなものになるかをエヒイェと共に歩みつつ、エヒイェに任せて仰ぎ期待したい。

註

（1）流出説については（前掲）『エンネアデス』第五巻第一篇。
（2）プロティノス「美について」（斎藤忍随、佐近司祥子訳）講談社学術文庫、二〇〇九年。
（3）『判断力批判』（篠田英雄訳）岩波文庫、二九―三〇頁。
（4）前掲、三六―三七頁。
（5）前掲、六〇―六一頁。
（6）『デカルト的省察』岩波文庫、二〇〇八―一〇頁。
（7）『われわれのあいだで』（合田正人・谷口博史訳）法政大学出版局、一九九三年、一八一―八九頁。
（8）前掲、一八五―八六頁。
（9）“La double idolâtrie”, dans *Heidegger er la question de Dieu*, PUF, 1980. 前掲『他者の風来』九三―九四頁の注（17）参照。
（10）以上の筆者による論述は、次著に詳細に思索されている。『他者の甦り：アウシュヴィッツからのエクソダス』創文社、二〇〇八年。
（11）前掲『他者の甦り』創文社、二〇〇八年、第一―第二章を参照。

(12) H・アーレント『全体主義の起源 3』(大久保和郎・大島かおり訳)みすず書房、一九七四年、二二〇―二二七頁。特に「忘却の穴」については、二二四―二二五頁。
(13) 前掲『他者の甦り』中「序」と第一章を参照されたし。
(14) 拙著『パウロの神秘論』東京大学出版会、二〇一九年、四四二―四五頁。
(15) 『原子力神話からの解放――日本を滅ぼす九つの呪縛』講談社+α文庫、『チェルノブイリ原発事故』『食卓にあがった放射能』『反原発　出前します』七ツ森書館、二〇一一年。『高木仁三郎セレクション』(佐高信・中里英章〈編〉)岩波現代文庫などを参照。
(16) 『道徳と宗教の二源泉』(平山高次訳)、岩波文庫、一二二頁。
(17) 前掲、二八六頁。
(18) 医師の仕事を中断し、アフガニスタンに緑と肥沃な大地を養うべく用水路を開いた中村哲の生涯の心のたけについては、次著を参照されたし。『わたしは「セロ弾きのゴーシュ」』NHK出版、二〇二一年。
松島恵利子『中村哲物語』汐文社、二〇二二年。濱野京子(文)『中村哲　命の水で砂漠を緑にかえた医師』
あかね書房、二〇二三年。

あとがき

筆者子はこれまでエヒイェロギア（脱在論）という新語（neologism）を造語し、哲学思想に深く根差す実体的存在論の超克を目指してきた。というのも、本書でも指摘したように、実体的存在論はその頂点に第一原因として形而上学的な神、いわばアリストテレス流の「不動の動者」をすえ、それがすべての存在（オン・へーィ・オン）を因果系列を通して支配する全体主義的性格を帯び、存在神論として思索および思想史を牛耳ってきたからである。

われわれは、この全体主義的存在神論超克のため、ギリシア哲学の「存在」のかわりに、有賀鐵太郎氏のハヤトロギアにインスピレーションを受け、ヘブライ語「ハーヤー」動詞を活用した。氏によるとハーヤー動詞は「生成する、有らしめる、働く、在る」を一如とする動的《ダイナミック》歴史的創造の性格を帯びる。これをふまえ氏はすでに引用したように「現象は過去的なものとしてハーヤーという完了形がそのまま適用されているのであるが、神は常に働く者として、エヒイェという未完了形が、しかも絶対主体として働くものであるから一人称が用いられるのは当然である。……働くことのうちに主体が自らを啓示するのであって、主体・即・働き・即・主体なのである」。

　われわれはこのエヒイェを実体存在を脱自する意味で「脱在」と訳し分け、物語り論的にその働きを「出エジプト記」テキストに追跡し解読した。その結果、ハーヤー・エヒイェが名詞化されたヤハウとそのヤハウェ神を体現した預言者たち（エレミヤ、エゼキエル、第二イザヤなど）、そして極まるところエヒイェのギリシア語表現「エゴー・エイミ」を自らの開示名とするイエスの脱在と働きを解釈し、エヒイェロギアの構想を押し進め、存在神論の超克を試みた。この試みは、ロギア・ロゴス的理性的作業を核心とする営みといえよう。

　これに対し「親和的感性による知（ヤーダ）と相生」を主題とする本書は、親和性（connaturalitas）とその敵対的働き（醜悪およびその体現者サタン）をめぐって、現代人として親和的歴史と世界を考究した。その考究はまずさしあたってアウグスティヌスの愛の遍歴、トマスの知恵の賜物を核心とする親和的神学、J・マリタンの詩や芸術および神秘体験さらに芭蕉などの巡礼の詩、『雅歌講話』の伝統における親和性に注がれた。

　以上の開闢的探求をふまえ、次に本格的に旧約創世記のトーヴ（善美）と原罪・サタン、「出エジプト記」、先述の預言者たちにおける親和性と民の偶像バアル崇拝とその結果としての捕囚（前五八七年）の悲劇を解読しつつ、新約に跳入し、そこで専ら罪の女たちとイエスとの親和関係、いわば親和性の頂点に落在したのであった。

われわれはこの頂点の極まりからそれが発するその後のキリスト教史における親和的諸結実を何かしら余韻を味わうかのように吟味した。殊に本書の核心である他者論と相生を念頭におき、諸々のキリスト教的典礼、修道制を考究し、思想史上の典型例としてフッサールの間主観性の限界や現代文明が生み出す幾向学的無機的事物へのある種の親和性などを暴いた。そして最後に、実体的存在論が第一に志向し根差す「存在の努力」(conatus essendi)とそれが生んだ存在形而上学・存在神論の神を超克すべく、レヴィナスの反志向性やJ-L・マリオンの愛にふれてみた。すなわち、レヴィナスの存在志向する意識には影のように随伴する意識がある。それは世界を自己の独占場とする志向的意識に対し、自分は他者の場を奪い抹殺しているのではないかと問われる「疚しい意識」であり、その意識に「私を殺さないで」という言葉そのものである「顔」が反志向性として訴え現われる。その顔に応える(répondre)時、責任(responsabilité)が生じ、私は個的主体と成り、顔との間にいわば親和的関係が生じるといえる。

以上のように本書は、物語り論的にテキストを理性によって読解しエヒイェロギアを構築する筆者子の方法を変え、親和性や情熱的感性や美への聴従へ軸足を移していわば親和的エヒイェロギア構築へ向かったのであり、その意味で本書自体が親和、美への感性、愛を内蔵し活力とする親和創成の書といえるであろうか。
最後に知泉書館小山光夫氏による編集方針、内容への示唆、修正などの協力に対し厚く感謝を申し上げたい。

燈燈無尽

宮本　久雄

索　引

か　行

さ　行

た・な　行

は　行

ま　行

宮本 久雄（みやもと・ひさお）

1945年，高田（現上越市）に生まれる。東京大学大学院人文科学哲学研究科を経て，カナダ，エルサレム，パリなどに遊学。東京大学大学院総合文化研究科教授，上智大学神学部教授，東京大学名誉教授。2015年にSacrae Theologiae Magister（聖なる神学のマギステル）号を授与さる。

〔主要著作〕『存在の季節　ハヤトロギア（ヘブライ的存在論）の誕生』知泉書館，2002年。『他者の甦り』創文社，2008年。『出会いの他者性』知泉書館，2014年。『パウロの神秘論』東京大学出版会，2019年（第33回和辻哲郎文化賞）。『言語と証人』東京大学出版会，2022年。その他多数。

〔親和的感性に拠る知と相生〕　ISBN978-4-86285-421-6

2024年11月　5日　第1刷印刷
2024年11月10日　第1刷発行

著　者　宮　本　久　雄
発行者　小　山　光　夫
印刷者　藤　原　愛　子

発行所　〒113-0033 東京都文京区本郷1-13-2
電話03（3814）6161 振替00120-6-117170
http://www.chisen.co.jp
株式会社 知泉書館

Printed in Japan　　印刷・製本／藤原印刷